国家社会科学基金重大项目（23VRC043）研究成果
北京外国语大学"双一流"建设标志性项目（BW202018）研究成果

"一带一路"国家文化教育大系　　　总主编　王定华

菲律宾文化教育研究

The Republic of the Philippines
Culture and Education

王小栋　等著

外语教学与研究出版社
FOREIGN LANGUAGE TEACHING AND RESEARCH PRESS
北京 BEIJING

图书在版编目（CIP）数据

菲律宾文化教育研究 / 王小栋等著. -- 北京：外语教学与研究出版社，2024.10. -- （"一带一路"国家文化教育大系 / 王定华总主编）. -- ISBN 978-7-5213-5808-7

I. G534.1

中国国家版本馆 CIP 数据核字第 2024P7L376 号

菲律宾文化教育研究
FEILÜBIN WENHUA JIAOYU YANJIU

出 版 人	王　芳
项目负责	巢小倩　姚希瑞
责任编辑	华宝宁
责任校对	刘相东
封面设计	李　高　锋尚设计
版式设计	李　高
出版发行	外语教学与研究出版社
社　　址	北京市西三环北路 19 号（100089）
网　　址	https://www.fltrp.com
印　　刷	北京盛通印刷股份有限公司
开　　本	787×1092　1/16
印　　张	14.5　彩插 1 印张
字　　数	211 千字
版　　次	2024 年 10 月第 1 版
印　　次	2024 年 10 月第 1 次印刷
书　　号	ISBN 978-7-5213-5808-7
定　　价	160.00 元

如有图书采购需求，图书内容或印刷装订等问题，侵权、盗版书籍等线索，请拨打以下电话或关注官方服务号：
客服电话：400 898 7008
官方服务号：微信搜索并关注公众号"外研社官方服务号"
外研社购书网址：https://fltrp.tmall.com

物料号：358080001

"一带一路"国家文化教育大系编委会

顾　　问：顾明远

总主编：王定华

委　　员（按姓氏笔画排列）：

万作芳	王　芳	石筠弢	刘　捷
刘欣路	刘宝存	孙凤兰	苏莹莹
李洪峰	张民选	金利民	赵　刚
柯　静	秦惠民	钱乘旦	徐　辉
徐建中	郭小凌	常福良	巢小倩
谢维和	戴桂菊		

爱妮岛

绿岛

宿务市

班塔伊镇的钟楼

国家博物馆

丰收节庆典

节日庆典

一所国际学校

坎布洛小学学生参加活动

圣约瑟夫小学

小学生打篮球

远东大学附属中学学生活动

一所高中校园

马尼拉圣托马斯大学

中央大学校园

宿务市建筑、美术与设计学院

北拉瑙省伊利甘市教育学院

拉古纳州立理工大学汽车专业学生在上课

孔子学院举办演出活动

孔子学院师生活动留影

出版说明

2013年9月7日,国家主席习近平提出共建"丝绸之路经济带"重大倡议。2013年10月3日,习近平主席提出共建"21世纪海上丝绸之路"重大倡议。两者合称"一带一路"倡议。以2013年金秋为起点,"一带一路"倡议作为构建人类命运共同体的伟大设想,在开拓和平、繁荣、开放、绿色、创新、文明之路的非凡征程中,孕育生机和活力,汇聚信心和期待,在世界范围内广受欢迎和响应。

文化交流、文明互鉴是构建人类命运共同体的人文基础。文化发展,教育先行。作为"共和国外交官的摇篮"、文化教育的主动践行者、"一带一路"倡议的踊跃响应者和构建人类命运共同体的积极参与者,北京外国语大学在党委书记王定华教授的带领下,放眼世界,找准坐标,勇于担当,主动作为,深耕文化教育相关领域,研究、策划并组织编写了"一带一路"国家文化教育大系(以下简称大系)。国内相关高校和研究机构的众多专家学者献计献策,踊跃参加,形成了一个范围广泛、交流互动、共同进步的"一带一路"国家文化教育学术研究共同体。大系旨在填补国内相关研究领域的学术空白,实现"一带一路"国家教育研究全覆盖,为中国教育"走出去"和相关国家先进教育理念"请进来"提供科学理论和实践指导,具有重要的学术价值。同时,大系服务国家重大战略,通过分期分批出版,形成规模和品牌,助力教育强国建设,具有深远的意义。

作为国家社会科学基金重大项目"'一带一路'沿线国家文化教育发展状

况调查研究"、北京外国语大学"双一流"建设标志性项目"'一带一路'国家文化教育研究"的课题研究成果和北京外国语大学党委的"奋进之举",大系秉承学术性与可读性兼顾的原则,对"一带一路"国家文化教育理论与实践问题展开深入研究,从国情概览、文化传统、教育历史、学前教育、基础教育、高等教育、职业教育、成人教育、教师教育、教育政策、教育行政、教育交流等方面,全景擘画"一带一路"国家的教育风貌,帮助读者了解"一带一路"国家教育的历史与现状、经验与特点,为我国教育的发展和对外交流合作提供有益的借鉴、思考与启迪。

世界已进入新的动荡变革期,以"人类命运共同体"理念为价值导向,系统研究"一带一路"国家文化教育的历史、现状、经验、挑战等基本问题,深刻洞悉各共建国的教育政策、教育治理和教育发展前景,是扩大我国教育对外开放、提升我国教育国际影响力、响应和支持"一带一路"倡议的切实有力之举。在此,特别感谢大系总策划、总主编王定华教授,以及所有顾问、编委和作者的心血倾注、智慧贡献和努力付出。

外语教学与研究出版社对大系的编写和出版工作给予了高度重视。自2019年项目启动以来,外研社抽调精锐力量成立大系工作组,多次组织相关部门和人员召开选题论证会,商建编委会,召开全体作者大会,制订周密、科学的出版计划,以保证项目的顺利开展和图书的优质出版。目前,大系的出版工作已取得阶段性丰富成果,接下来将继续分期分批推出数量和规模可观的、具有相当科研价值和学术价值的系列专著。期望大系的编写和出版能为"一带一路"建设、中外教育交流及我国文化教育发展发挥基础性、服务性、广远性的作用。

外语教学与研究出版社

2024年9月

总　序

王定华

改革开放以来,中国各项事业取得了巨大成就。中国经济和世界经济高度关联,中国一以贯之地坚持对外开放的基本国策,构建全方位开放新格局,深度融入世界经济体系。2013年9月和10月,习近平主席在出访中亚和东南亚国家期间,先后提出共建"丝绸之路经济带"和"21世纪海上丝绸之路"的重大倡议(以下简称"一带一路"倡议),得到国际社会的高度关注。其中,"丝绸之路经济带"东边牵着亚太经济圈,西边系着发达的欧洲经济圈,是世界上最长、最具发展潜力的经济大走廊;"21世纪海上丝绸之路"串起连通东盟、南亚、西亚、北非、欧洲等各大经济板块的市场链,发展面向南海、太平洋和印度洋的战略合作经济带,以亚欧非经济贸易一体化为发展的长期目标。

一、精准把握"一带一路"倡议的时代意蕴

"经济带"概念是对地区经济合作模式的创新。其中经济走廊涵盖中蒙

俄经济走廊、新亚欧大陆桥、中国–中亚–西亚经济走廊、孟中印缅经济走廊、中国–中南半岛经济走廊等，以经济增长极辐射周边，超越了传统发展经济学理论。"丝绸之路经济带"概念不同于历史上所出现的各类"经济区"与"经济联盟"，同后两者相比，经济带具有灵活性高、适用性广以及可操作性强的特点，各国都是平等的参与者，本着自愿参与、协同推进的原则，发扬古丝绸之路兼容并包的精神。

"一带一路"倡议是我国在新时代推进全方位对外开放的重要举措，为当今世界提供了一个充满东方智慧、实现共同发展的中国方案，也是对历史文化传统的高度尊重，凝聚了世界各国利益的最大公约数。丝绸之路是起始于古代中国，连接亚洲、非洲和欧洲的古代陆上商业贸易路线，最初的作用是运输古代中国出产的丝绸、瓷器等商品，后来成为东方与西方之间在经济、政治、文化等方面进行交流的主要通道。1877年，德国地质、地理学家李希霍芬（F. P. W. Richthofen）在其著作《中国》一书中，把公元前114年至公元127年，中国与中亚、中国与印度间以丝绸贸易为媒介的这条西域交通道路命名为"丝绸之路"，这一名词很快为学术界和大众所接受，并正式运用。其后，德国历史学家赫尔曼（A. Herrmann）在20世纪初出版的《中国与叙利亚之间的古代丝绸之路》一书中，根据新发现的文物考古资料，进一步把丝绸之路延伸到地中海西岸和小亚细亚，并确定了丝绸之路的基本内涵，即它是中国古代与中亚、南亚、西亚以及欧洲、北非的陆上贸易交往通道。进入21世纪，海上丝绸之路也被纳入丝绸之路的涵盖范围，即从中国沿海港口过南海到印度洋并延伸至欧洲，从中国沿海港口过南海到南太平洋。随着时代的发展，"丝绸之路"成为古代中国与西方所有政治经济文化往来通道的统称。

推进"一带一路"建设既是中国扩大和深化对外开放的需要，也是加强和世界各国互利合作的需要，中国愿意承担更多责任和义务，为人类和平发展做出更大的贡献。文明交流互鉴是构建人类命运共同体的重要途径，是推动人类文明共同进步、实现世界和平发展的重要动力。共建"一带一路"要顺应世界多极化、经济全球化、文化多样化、社会信息化的潮流，秉持开放的区域合作精神，致力于推动"一带一路"各国实现经济政策协调，开展更大范围、更高水平、更深层次的区域合作，共同打造开放、包容、均衡、普惠的区域经济合作架构，维护全球自由贸易体系和开放型世界经济格局。

"一带一路"贯穿亚欧非大陆，一头是活跃的东亚经济圈，一头是发达的欧洲经济圈，中间广大腹地国家经济发展潜力巨大。根据"一带一路"走向，陆上依托国际大通道，以中心城市为支撑，以重点经贸产业园区为合作平台，共同打造新亚欧大陆桥以及中蒙俄、中国-中亚-西亚、中国-中南半岛等国际经济合作走廊；海上以重点港口为基点，共同建设通畅安全高效的运输大通道。

"一带一路"建设是有关国家开放合作的宏大经济愿景，需要各国携手努力，朝着互利互惠、共同安全的目标相向而行：努力实现区域基础设施更加完善，安全高效的陆海空通道网络基本形成，互联互通达到新水平；投资贸易便利化水平进一步提升，高标准自由贸易区网络基本形成，经济联系更加紧密，政治互信更加深入；人文交流更加广泛深入，不同文明互鉴共荣，各国人民相知相交、和平友好。

"一带一路"倡议是具有开放性和包容性的友好建议。当今世界是一个开放的世界，开放带来进步，封闭导致落后。中国认为，只有开放才能发现机遇、抓住并用好机遇、主动创造机遇，才能实现国家的奋斗目标。"一带一路"倡议就是要把世界的机遇转变为中国的机遇，把中国的机遇转变为世界的机遇。正是基于这种认知与愿景，"一带一路"倡议以开放为导向，冀望通过加强交通、能源和网络等基础设施的互联互通建设，促进经济要素有序自由流动、资源高效配置和市场深度融合，开展更大范围、更高水平、更深层次的区域合作，打造开放、包容、均衡、普惠的区域经济合作架构,以此来解决经济增长和平衡问题。"一带一路"倡议的开放包容性是区别于其他区域性经济倡议的一个突出特点。

"一带一路"倡议是超越地缘政治的务实合作的广阔平台。"和平合作、开放包容、互学互鉴、互利共赢"的丝路精神是人类共有的历史财富,"一带一路"倡议就是秉承这一精神与原则提出的新时代重要倡议,通过加强相关国家间的全方位多层面交流合作,充分发掘与发挥各国的发展潜力与比较优势,形成互利共赢的区域利益共同体、命运共同体和责任共同体。在这一机制中,各国是平等的参与者、贡献者、受益者。因此,"一带一路"倡议从一开始就具有平等性、和平性特征。平等是中国坚持的重要国际准则,也是"一带一路"建设的关键基础。只有建立在平等基础上的合作才能是持久的合作,也才会是互利的合作。"一带一路"倡议平等包容的合作特征为其推进减轻了阻力,提升了共建效率,有助于国际合作真正"落地生根"。同时,"一带一路"建设离不开和平安宁的国际环境和地区环境,和平是"一带一路"建设的本质属性,也是保障其顺利推进所不可或缺的重要因素。这些就决定了"一带一路"倡议不应该也不可能沦为大国政治较量的工具,更不会重复地缘博弈的老路。

"一带一路"倡议是政府、企业、团体共同发力的项目载体。"一带一路"建设是在双边或多边联动基础上通过具体项目加以推进的,是在进行充分政策沟通、战略对接以及市场运作后形成的发展倡议与规划。2017 年 5 月发布的《"一带一路"国际合作高峰论坛圆桌峰会联合公报》强调了建设"一带一路"的合作原则,其中就包括市场运作原则,即充分认识市场作用和企业主体地位,确保政府发挥适当作用,政府采购程序应开放、透明、非歧视。可见,"一带一路"建设的核心主体与支撑力量并不是政府,而是企业,根本方法是遵循市场规律,并通过市场化运作模式来实现参与各方的利益诉求,政府在其中发挥构建平台、创立机制、政策引导等指向性、服务性功能。

"一带一路"倡议是与现有相关机制对接互补的有益渠道。参与"一带一路"建设的国家要素禀赋各异,比较优势差异明显,互补性很强。有的国家能源资源富集但开发力度不够,有的国家劳动力充裕但就业岗位不足,有的国家市场空间广阔但产业基础薄弱,有的国家基础设施建设需求旺盛但资金紧缺。我国目前经济总量居全球第二,外汇储备居全球第一,优势产业越来越多,基础设施建设经验丰富,装备制造能力强、质量好、性价比高,具备资金、技术、人才、管理等综合优势。这就为我国与其他"一带一路"建设参与方实现产业对接与优势互补提供了现实可能与重大机遇。因而,"一带一路"倡议的核心内容就是要加强基础设施建设和促进互联互通,对接各国政策和发展战略,以便深化务实合作,促进协调联动发展,实现共同繁荣。由此可见,"一带一路"倡议不是对现有地区合作机制的替代,而是与现有机制互为助力、相互补充。实际上,"一带一路"建设已经与俄罗斯主导的欧亚经济联盟、印尼全球海洋支点发展规划、哈萨克斯坦光明之路经济发展战略、蒙古国草原之路倡议、欧盟欧洲投资计划、埃及苏伊士运河走廊开发计划等实现了对接与合作,并形成了一批标志性项目,如中哈(连云港)物流合作基地。作为新亚欧大陆桥经济走廊建设成果之一,中哈(连云港)物流合作基地初步实现了深水大港、远洋干线、中欧班列、物流场站的无缝对接。该项目与哈萨克斯坦光明之路经济发展战略高度契合。

"一带一路"倡议是促进人文交流的沟通桥梁。"一带一路"倡议跨越不同区域、不同文化、不同宗教信仰,但它带来的不是文明冲突,而是各文明间的交流互鉴。"一带一路"倡议在推进基础设施建设、加强产能合作与发展战略对接的同时,也将"民心相通"作为工作重心之一。民心相通是"一带一路"建设的社会根基。民心相通就是要传承和弘扬丝绸之路友好合作精神,广泛进行文化交流、学术交流、人才交流往来、媒体合作、青年和妇女交往、志愿者服务等,为深化双边和多边合作奠定坚实的民意基础。一是扩大相互间留学生规模,开展合作办学;国家间互办文化年、艺术节、电影节、电视周和图书展等活动，深化国家间人才交流合作。二是加强旅游合作，扩大旅游规模，联合打造具有丝绸之路特色的国际精品旅游线路和旅游产品。三是强化与周边国家在传染病疫情信息沟通、防治技术交流、专业人才培养等方面的合作，提高合作处理突发公共卫生事件的能力。四是加强科技合作，共建联合实验室（研究中心）、国际技术转移中心、海上合作中心，促进科技人员交流，合作开展重大科技攻关，共同提升科技创新能力。五是整合现有资源，开拓和推进参与国家在青年就业、创业培训、职业技能开发、社会保障管理服务、公共行政管理等共同关心领域的务实合作。六是充分发挥政党、议会交往的桥梁作用，加强国家之间立法机构、主要党派和政治组织的友好往来，互结友好城市。七是加强各国民间组织的交流合作，重点面向基层民众，广泛开展教育、医疗、减贫开发、生物多样性和生态环保等主题的各类公益慈善活动，改善贫困地区生产生活条件；加强文化传媒领域的国际交流合作，积极利用网络平台，运用新媒体工具，塑造和谐友好的文化生态和舆论环境；通过强化民心相通，弘扬丝绸之路精神，开展智力丝绸之路、健康丝绸之路等建设，在科学、教育、文化、卫生、民间交往等领域广泛合作，使"一带一路"建设的民意基础更为坚实，社会根基更加牢固。"一带一路"建设就是要以文明交流超越文明隔阂，以文明互鉴超越文明冲突，以文明共存超越文明优越，为相关国家人民加强交流、增进理解搭起新的桥梁，为不同文化和文明加强对话、交流互鉴织就新的纽带，推动各国相互理解、相互尊重、相互信任。

"一带一路"是促进共同发展、实现共同繁荣的友谊之路。共建"一带一路"旨在促进各国发展战略的对接和耦合，有利于发掘区域市场的潜力，推动经济要素有序自由流动、资源高效配置和市场深度融合，促进投资和消费，创造需求和就业，增进各国人民的人文交流与文明互鉴，从而让各国人民相逢相知、互信互敬，共享和谐、安宁、富裕的生活。共建"一带一路"符合国际社会的根本利益,彰显了人类社会的共同理想和美好追求,是国际合作及全球治理新模式的积极探索,将为世界和平发展增添新的正能量。中国政府倡议秉持和平合作、开放包容、互学互鉴、互利共赢的理念,全方位推进务实合作,打造政治互信、经济融合、文化包容的利益共同体、命运共同体和责任共同体。

"一带一路"倡议已经得到世界上众多国家和地区的积极响应,成为维护全球自由贸易体系和开放型世界经济的重要支撑。截至2021年1月30日,中国已经同171个国家和国际组织签署205份共建"一带一路"合作文件。[1] 特别是2017年5月第一届"一带一路"国际合作高峰论坛、2019年4月第二届"一带一路"国际合作高峰论坛和2019年5月亚洲文明对话大会的成功举办,充分彰显了我国开放、包容的大国外交风范。在此背景下,我们一方面应致力于向世界介绍中国,推动中国文化"走出去",讲好中国故事;另一方面也应加强对"一带一路"国家的历史、文化、语言、教育、艺术等方面的介绍和研究,让中国人民更多地了解"一带一路"国家的具体国情,特别是文化传统和教育体系。

"一带一路"倡议合作范围不断扩大,合作领域愈加广阔。它不仅给参与各方带来了实实在在的合作红利,也为世界贡献了应对挑战、创造机遇、强化信心的智慧与力量。

当今世界,新冠肺炎疫情带来诸多挑战,局部战争风险依然存在,经济增长动能不足,"逆全球化"思潮涌动,地区动荡持续,恐怖主义蔓延。和平赤字、发展赤字、治理赤字带来的严峻问题,已摆在全人类面前。这充分说明现有的全球治理体系面临结构性问题,亟须找到新的破解之策与应对方略。作为一个新兴大国,中国有能力、有意愿同时也有责任为完善全球治理体系贡献智慧与力量。面对新挑战、新问题、新情况,中国给出

---

[1] 中国一带一路网. 我国已签署共建"一带一路"合作文件205份 [EB/OL]. (2021-01-30) [2021-02-23]. https://www.yidaiyilu.gov.cn/xwzx/gnxw/163241.htm.

的全球治理方案是：构建人类命运共同体，实现共赢共享。"一带一路"倡议正是朝着这个目标努力的具体实践。"一带一路"倡议强调各国的平等参与、包容普惠，主张携手应对世界经济面临的挑战，开创发展新机遇，谋求发展新动力，拓展发展新空间，共同朝着人类命运共同体方向迈进。正是本着这样的原则与理念，"一带一路"倡议针对各国发展的现实问题和治理体系的短板，创立了亚洲基础设施投资银行、丝路基金等新型国际机制，构建了多形式、多渠道的交流合作平台。这既能缓解当今全球治理机制代表性、有效性、及时性难以适应现实需求的困境，在一定程度上扭转公共产品供应不足的局面，提振国际社会参与全球治理的士气与信心，又能满足发展中国家尤其是新兴市场国家变革全球治理机制的现实要求，大大增强了新兴国家和发展中国家的话语权，是推进全球治理体系朝着更加公正合理方向发展的重大突破。

"一带一路"倡议涵盖了发展中国家与发达国家，实现了"南南合作"与"南北合作"的统一，有助于推动全球均衡可持续发展。"一带一路"建设以基础设施建设为着眼点，促进经济要素有序自由流动，推动中国与相关国家的宏观政策的对接与协调。对于参与"一带一路"建设的发展中国家来说，这是一次搭中国经济发展"快车""便车"，实现自身工业化、现代化的历史性机遇，有利于推动"南南合作"的广泛展开，同时也有助于增进"南北对话"，促进"南北合作"的深度发展。不仅如此，"一带一路"倡议的理念和方向同联合国《2030年可持续发展议程》也高度契合，完全能够加强对接，实现相互促进。联合国秘书长古特雷斯表示，"一带一路"倡议与《2030年可持续发展议程》都以可持续发展为目标，都试图提供机会、全球公共产品和双赢合作，都致力于深化国家和区域间的联系。

二、深入推动"一带一路"国家的教育交流

2020年6月印发的《教育部等八部门关于加快和扩大新时代教育对外开放的意见》指出，教育对外开放是教育现代化的鲜明特征和重要推动力，要以习近平新时代中国特色社会主义思想为指导，坚持教育对外开放不动摇，主动加强同世界各国的互鉴、互容、互通，形成更全方位、更宽领域、更多层次、更加主动的教育对外开放局面。

教育为国家富强、民族繁荣、人民幸福之本，在共建"一带一路"中具有基础性和先导性作用。教育交流为各国民心相通架设桥梁，人才培养为各国政策沟通、设施联通、贸易畅通、资金融通提供支撑。各国间教育交流源远流长，教育合作前景广阔，大家携手发展教育，合力共建"一带一路"，是造福各国人民的伟大事业。推进"一带一路"国家教育共同繁荣，既是加强与各国教育互利合作的需要，也是推进中国教育改革发展的需要，中国愿意在力所能及的范围内承担更多责任和义务，为区域教育大发展做出更大的贡献。

（一）教育合作的原则

"一带一路"国家教育合作应遵循四个重要原则。

一是育人为本，人文先行。加强合作育人，提高区域人口素质，为共建"一带一路"提供人才支撑。坚持人文交流先行，建立区域人文交流机制，搭建民心相通桥梁。

二是政府引导，民间主体。政府加强沟通协调，整合多种资源，引导教育融合发展。发挥学校、企业及其他社会力量的主体作用，活跃教育合作局面，丰富教育交流内涵。

三是共商共建，开放合作。坚持共商、共建、共享，推进各国教育发

展规划相互衔接，实现各国教育融通发展、互动发展。

四是和谐包容，互利共赢。加强不同文明之间的对话，寻求教育发展最佳契合点和教育合作最大公约数，促进各国在教育领域互利互惠。

（二）教育合作的重点

"一带一路"各国教育特色鲜明、资源丰富、互补性强、合作空间巨大。中国将以基础性、支撑性、引领性三方面举措为建议框架，开展三方面重点合作，对接各国意愿，互鉴先进教育经验，共享优质教育资源，全面推动各国教育提速发展。

1. 开展教育互联互通合作

一是加强教育政策沟通。开展"一带一路"国家教育法律、政策协同研究，构建各国教育政策信息交流通报机制，为各国政府推进教育政策互通提供决策建议，为各国学校和社会力量开展教育合作交流提供政策咨询。积极签署双边、多边和次区域教育合作框架协议，制定各国教育合作交流国际公约，逐步疏通教育合作交流政策性瓶颈，实现学分互认、学位互授联授，协力推进教育共同体建设。

二是助力教育合作渠道畅通。推进"一带一路"国家间签证便利化，扩大教育领域合作交流，形成往来频繁、合作众多、交流活跃、关系密切的携手发展局面。鼓励有合作基础、相同研究课题和发展目标的学校缔结姊妹关系，逐步深化和拓展教育合作交流。举办校长论坛，推进学校间开展多层次、多领域的务实合作。支持高等学校依托优势学科和专业，建立"产学研用"相结合的国际合作联合实验室（研究中心）、国际技术转移中心，共同应对各国在经济发展、资源利用、生态保护等方面面临的重大挑战与机遇。打造"一带一路"国家学术交流平台，吸引各国专家学者、青年学生开展研究和学术交流。推进"一带一路"国家优质教育资源共享。

三是促进语言互通。研究构建语言互通协调机制，共同开发语言互通开放课程，逐步将国家语言课程纳入各国的学校教育课程体系。拓展政府间语言学习交换项目，联合培养、相互培养高层次语言人才。发挥外国语院校人才培养优势，推进基础教育多语种师资队伍建设和外语教育教学工作。扩大语言学习国家公派留学人员规模，倡导各国与中国院校合作在华开办本国语言专业。支持更多社会力量助力孔子学院和孔子课堂建设，加强汉语教师和汉语教学志愿者队伍建设，全力满足不同国家的汉语学习需求。

四是推进民心相通。鼓励学者开展或合作开展中国课题研究，增进各国对中国发展模式、国家政策、教育文化等各方面的理解。建设国别和区域研究基地，与对象国合作开展经济、政治、教育、文化等领域研究。逐步将理解教育课程、丝路文化遗产保护纳入各国中小学教育课程体系，加强青少年对不同国家文化的理解。加强"丝绸之路"青少年交流，注重通过志愿服务、文化体验、体育竞赛、创新创业活动和新媒体社交等途径，增进不同国家青少年对其他国家文化的理解。

五是推动学历学位认证标准联通。推动落实联合国教科文组织《亚太地区承认高等教育资历公约》，支持联合国教科文组织建立世界范围学历互认机制，实现区域内双边、多边学历学位关联互认。呼吁各国完善教育质量保障体系和认证机制，加快推进本国教育资历框架开发，助力各国学习者在不同种类和不同阶段教育之间进行转换，促进终身学习社会的建设。共商、共建区域性职业教育资历框架，逐步实现就业市场的从业标准一体化。探索建立各国教师专业发展标准，促进教师流动。

2．开展人才培养培训合作

一是实施"丝绸之路"留学推进计划。设立"丝绸之路"中国政府奖学金，为各国专项培养行业领军人才和优秀技能人才。全面提升来华留学人才培养质量，把中国打造成为深受各国学子欢迎的留学目的地。以国家公派留学为引领，推动更多中国学生到"一带一路"其他国家留学。坚持"出国留学和来华留学并重、公费留学和自费留学并重、扩大规模和提高质量并重、依法管理和完善服务并重、人才培养和发挥作用并重"，完善全链条的留学人员管理服务体系，保障平安留学、健康留学、成功留学。

二是实施"丝绸之路"合作办学推进计划。有条件的中国高等学校开展境外办学要集中优势学科，选好合作契合点，做好前期论证工作，构建科学的人才培养模式、运行管理模式、服务当地模式、公共关系模式，使学校顺利落地生根、开花结果。发挥政府引领、行业主导作用，促进高等学校、职业院校与行业企业深度产教融合。鼓励中国优质职业教育配合高铁、电信运营等行业企业"走出去"，探索开展多种形式的境外合作办学，合作设立职业院校、培训中心，合作开发教学资源和项目，开展多层次职业教育和培训，培养当地急需的各类"一带一路"建设者。整合资源，积极推进与各国在青年就业培训等共同关心领域的务实合作。倡议国家之间开展高水平合作办学。

三是实施"丝绸之路"师资培训推进计划。开展"丝绸之路"教师培训，加强先进教育经验交流，提升区域教育质量。加强"丝绸之路"教师交流，推动各国校长交流访问、教师及管理人员交流研修，推进优质教育模式在各国的互学互鉴。大力推进各国优质教学仪器设备、教材课件和整体教学解决方案的输出，跟进教师培训工作，促进各国教育资源和教学水平均衡发展。

四是实施"丝绸之路"人才联合培养推进计划。推进国家间的研修访学活动。鼓励各国高等院校在语言、交通运输、建筑、医学、能源、环境工程、水利工程、生物科学、海洋科学、生态保护、文化遗产保护等国家发展急需的专业领域联合培养学生，推动联盟内或校际教育资源共享。

3．共建丝路合作机制

一是加强"丝绸之路"人文交流高层磋商。开展国家间的双边、多边人文交流高层磋商，商定"一带一路"教育合作交流总体布局，协调推动各国建立教育双边和多边合作机制、教育质量保障协作机制和跨境教育市场监管协作机制，统筹推进"一带一路"教育共同行动。

二是充分发挥国际合作平台作用。发挥上海合作组织、东亚峰会、亚太经合组织、亚欧会议、亚洲相互协作与信任措施会议、中阿合作论坛、东南亚教育部长组织、中非合作论坛、中巴经济走廊、孟中印缅经济走廊、中蒙俄经济走廊等现有双边、多边合作机制的作用，增加教育合作的新内涵。借助联合国教科文组织等国际组织力量，推动各国围绕实现世界教育发展目标形成协作机制。充分利用中国-东盟教育交流周、中日韩大学交流合作促进委员会、中阿大学校长论坛、中非高校20+20合作计划、中日大学校长论坛、中韩大学校长论坛、中俄综合性大学联盟等已有平台，开展务实的教育合作交流。支持在共同区域、有合作基础、具备相同专业背景的学校组建联盟，不断延展教育务实合作平台。

三是实施"丝绸之路"教育援助计划。发挥教育援助在"一带一路"教育共同行动中的重要作用，逐步加大教育援助力度，重点投资于人、援助于人、惠及于人。发挥教育援助在"南南合作"中的重要作用，加大对相关国家尤其是最不发达国家的支持力度。统筹利用国家、教育系统和民间资源，为相关国家培养培训教师、学者和各类技能人才。积极开展优质教学仪器设备、整体教学方案、配套师资培训一体化援助。加强中国教育培训中心和教育援外基地建设。倡议各国建立政府引导、社会参与的多元化经费筹措机制，通过国家资助、社会融资、民间捐赠等渠道，拓宽教育经费来源，做大教育援助格局，实现教育共同发展。

三、精心组织"一带一路"国家文化教育大系的编著出版

在编写"一带一路"国家文化教育大系过程中，应当全面了解国内外对"一带一路"倡议的响应情况，关注进展，总结做法；应当在新冠肺炎疫情得到控制后到对象国去走一走，看一看，实地感受其教育情况和发展变化；应当广泛收集对象国一手资料，认真阅读，消化分析，吐故纳新；应当多方检索专家学者已经开展的相关研究，虚心参阅已有的研究成果。肆虐全球的新冠肺炎疫情，给人类身体健康和生命安全带来了巨大威胁，对世界格局和世界治理体系产生了重大影响，给全球各行各业带来了巨大挑战。教育置身其间，影响十分明显。因而，对"一带一路"国家文化教育进行研究时，必须观察分析疫情对相关国家文化教育和全球教育治理的深刻影响。

"一带一路"倡议提出后，中外已形成多个"一带一路"多边大学联盟。2015年5月22日，由西安交通大学发起的新丝绸之路大学联盟成立，迄今已吸引38个国家和地区的150余所大学加盟。该联盟是海内外大学结成的非政府、非营利性的开放性、国际化高等教育合作平台，以"共建教育合作平台，推进区域开放发展"为主题，推动"新丝绸之路经济带"国家和地区大学之间在校际交流、人才培养、科研合作、文化沟通、政策研究、医疗服务等方面的交流与合作，增进青少年之间的了解和友谊，培养具有国际视野的高素质、复合型人才，服务"新丝绸之路经济带"及欧亚地区的发展建设。

2015年10月17日，丝绸之路（敦煌）国际文化博览会筹委会文化传承创新高端学术研讨会在敦煌举行。中国的复旦大学、北京师范大学、兰州大

学和俄罗斯乌拉尔国立经济大学、韩国釜庆大学等 46 所中外高校在甘肃敦煌成立了"一带一路"高校战略联盟，以探索跨国培养与跨境流动的人才培养新机制，培养具有国际视野的高素质人才。46 所高校当日达成《敦煌共识》，联合建设"一带一路"高校国际联盟智库。联盟将共同打造"一带一路"高等教育共同体，推动"一带一路"国家和地区大学之间在教育、科技、文化等领域的全面交流与合作，服务"一带一路"国家和地区的经济社会发展。

2016 年 9 月，中国、中亚及丝绸之路经济带沿线 7 个国家的 51 所高校共同发起成立了中国–中亚国家大学联盟，旨在打造开放性、国际化互动平台，深化"一带一路"科教合作。

此外，高等教育合作研讨会也日渐增多，既有官方推动形成的研讨会，也有民间自发举办的研讨会。比如，中外大学校长论坛、新加坡–中国–印度高等教育论坛、"一带一路"教育对话论坛，以及北京师范大学举办的"一带一路"国家教育交流与合作高端研讨会，北京外国语大学举办的"一带一路"与行业国际化人才培养高峰论坛，北京理工大学主办的"一带一路"高等教育研究国际会议，浙江大学举办的"一带一路"背景下的工程科技人才培养国际研讨会等。这些多边研讨会的召开，不仅吸引了大量"一带一路"共建国家的教育研究者与实践者参会，推动了研究与实践合作，而且创新了教育合作模式，促进了国际化高端人才培养，为"一带一路"建设奠定了民意基础。

"一带一路"倡议提出之后，中国学术界迅速开展了关于"一带一路"的研究活动，有关"一带一路"主题的图书主要有以下五类。第一类是倡议解读类图书，一般是梳理"一带一路"倡议的提出、发展及其理论内涵与外延。第二类是经济贸易类图书，专业性较强，主要为理论研究型图书。第三类是国情文史类图书，多为介绍"一带一路"国家国情概览、历史情况、发展概况的工具书，语言平实，部分图书学术性较强。第四类是丝路历史类图书，一般回顾古代丝绸之路的形成与发展、丝绸之路上的人物和大事记等，追古溯源，以便更好地开启"一带一路"新篇章。第五类是法律税收类图书，多为法律指引、税务规范手册等。

可以看出，国内对"一带一路"国家的研究已有一定基础，但是囿于语言翻译的障碍，已经出版的"一带一路"图书，大多是政策解读、数据报告、概况介绍等，对对象国的研究广度和深度还很不够，尤其是针对"一带一路"国家文化教育的系统研究还比较少。

在"一带一路"国家中，遴选具有代表性的对象，对其文化、教育进行系统性的研究，并在此基础上编写"一带一路"国家文化教育大系，分期分批出版，对于帮助中国普通读者和研究人员了解"一带一路"国家的文化教育情况，以及对于拓展我国比较教育研究领域、丰富比较教育研究文献，乃至对于促进中外文明互通、更好地参与推进"一带一路"建设，都具有重要意义。基于对选题背景与意义、相关出版产品调研和北京外国语大学比较优势的分析，"一带一路"国家文化教育大系坚持学术性、可读性兼顾原则，分批次推出，不断积累，以形成规模和品牌。

大系在内容上，一方面呈现"一带一路"国家的文化概貌，展示"一带一路"国家教育发展的文化背景和社会依托。大系采用专题形式，力求用简洁平实的语言生动活泼地介绍"一带一路"国家的自然地理、人文景观、历史发展、风土人情、文化遗产等内容，重点呈现对象国独有的文化现象和独特风貌，集中揭示其民族文化内涵、民族精神、人文意蕴。另一方面，大系重点研究、评价、介绍"一带一路"国家教育的基本情况、发展历史、发展战略、政策法规、现存体系、治理模式与师资队伍等，这方面内容占较大篇幅，是全书的重点和主要内容。

"一带一路"倡议正在成为我国参与全球开放合作、改善全球治理体系、促进全球共同发展繁荣、推动构建人类命运共同体的中国方案。作为国家社会科学基金重大项目"'一带一路'沿线国家文化教育发展状况调查研究"的部分研究成果和北京外国语大学"双一流"建设重大标志性成果，

"一带一路"国家文化教育大系已在2021年中国共产党建党100周年和北京外国语大学建校80周年之际推出首批图书,在2023年"一带一路"倡议提出10周年时推出该项目二期成果。同时积极参与党和国家相关主题纪念活动,以及国家重大图书项目的申报评选工作。

北京外国语大学以外语见长,国际交往活跃,被誉为"共和国外交官的摇篮",先后培养了400多位大使、2 000多位参赞,以及更多的外交外事外贸工作者。凡是有五星红旗飘扬的地方,都能看到北外人的身影。北外不仅承担着培养各类国际化人才的任务,更担负着向中国介绍世界、向世界介绍中国的历史使命。迄今为止,北外已获批开设101种外国语言,成立了37个区域与国别研究中心,丰富的涉外资源正在助力"一带一路"国家的研究。

大系由外研社具体组织实施。外研社隶属北外,多年来致力于"一带一路"国家的合作交流,服务讲好"中国故事",在中华思想文化传播、打造中外出版联盟、推动中外学术互译等方面积累了丰富经验,对于协助研究、编著、出版"一带一路"国家文化教育大系具有良好的工作基础。这也是北外及外研社的使命和担当之所在。

大系编著者以北外教师为主。服务国家重大战略,北外人责无旁贷。同时,国内有研究专长和研究意愿的专家学者也踊跃参与,他们或独自撰著一书,或与北外同仁合作。大系还邀请了驻外使领馆的同志和对象国的学者参加撰写或审稿,他们运用一手资料,开展实地调研,力图提升大系的准确性。

四、结语

"一带一路"倡议植根历史,更面向未来;源于中国,更属于世界。"一带一路"作为文明互鉴的桥梁,从亚欧大陆延伸到非洲、美洲、大洋洲,与世界各国发展战略及众多国际和地区组织的发展实现对接联通,在通路、通航的基础上更好地通商，进而开展文化教育交流与沟通，加强商品、资金、技术、文化、教育流通，达成互学互鉴的文明愿景。"一带一路"倡议的目标是中国与"一带一路"国家在互联互通基础上分享优质产能，共商项目投资，共建基础设施，共享合作成果，内容包括政策沟通、设施联通、贸易畅通、资金融通、民心相通"五通"。"一带一路"倡议肩负重大使命，它要探寻经济增长之道，将中国自身的产能优势、技术与资金优势、经验与模式优势转化为市场与合作优势，实行全方位开放，共享中国改革发展红利；它要实现全球化再平衡，鼓励向西开放，带动西部开发以及中亚、蒙古等内陆国家和地区的开发，在国际社会推行全球化的包容性发展理念，主动向西推广中国优质产能和比较优势产业，惠及沿途、沿岸国家，避免西方国家所开创的全球化造成的贫富差距和地区发展不平衡情况，推动建立持久和平、普遍安全、共同繁荣的和谐世界；它要开创地区新型合作，强调共商、共建、共享原则，超越了马歇尔计划和传统的对外援助活动，给21世纪的国际合作带来了新的理念。所以，新时代中国的教育学者应当将"一带一路"国家文化教育研究作为比较教育新的增长点，全面深入开展研究，以自己的聪明才智丰富学术，为国出力，服务国家重大发展战略；在加强与"一带一路"国家的交流合作中，推动"一带一路"建设高质量发展，努力建设高质量的中国教育体系，并积极参与新时代全球教育治理体系改革，加快构建以国内大循环为主体、国内国际双循环相互促进的新发展格局。

2024 年 9 月
于北京外国语大学

（王定华，北京外国语大学党委书记、博士、教授、博士生导师，国家督学。历任河南大学教师、中国驻纽约总领事馆教育领事、教育部基础教育一司司长、教育部教师工作司司长等。）

本书前言

菲律宾坐落于亚洲的东南部，是一个群岛国家，主要岛屿包括吕宋岛、棉兰老岛、萨马岛等。自1975年6月9日中国同菲律宾建交以来，中菲关系历经岁月洗礼，总体发展势头良好，各领域合作持续深化。双方于2023年1月4日，续签《中华人民共和国政府与菲律宾共和国政府关于"一带一路"倡议合作的谅解备忘录》。两国将继续通过合作，将经济互补优势、人文交流优势等转化为务实合作优势，在各自现代化进程中交融互促，共同实现可持续发展和繁荣。[1]

回顾菲律宾教育的发展历程，其历史可追溯到马来人到菲律宾定居时期。早期教育主要通过口述传统和学徒制进行传承。1565年起，菲律宾受西班牙殖民统治。在西班牙殖民统治时期，政府虽以宗教教育为重心，但亦设立了一些世俗学校，然而教育机会主要被少数特权阶层所把持。1898年，美国打败西班牙后占据了菲律宾。在美国统治期间，菲律宾建立了公共教育系统，确立英语为教学语言，高等教育也得到发展。自1946年菲律宾独立以来，教育便被列为国家发展的优先事项。1947年通过的教育法明确规定了小学教育的免费性与强制性。此后，高等教育亦迎来蓬勃发展，新的大学和学院如雨后春笋般涌现。马科斯（1965—1986年执政）政府对教育进行了大刀阔斧的改革，注重技术教育和职业培训，成立了技术和职业培训局以规范和监管职业教育与培训领域。1986年后，菲律宾政府继续推行

---

[1] 国家发展改革委公众号. 中国政府与菲律宾政府续签共建"一带一路"谅解备忘录[EB/OL].（2023-01-05）[2024-05-02]. https://www.yidaiyilu.gov.cn/p/300654.html.

教育改革，包括加强学前教育、提升教师素质以及增加教育投入。如今，菲律宾的教育体系已发展成为一个复杂而多层次的结构，涵盖基础教育（K-12）、高等教育、职业和技术教育以及成人和非正式教育。

本书以菲律宾教育为核心，不仅全面概述了其概况和显著特征，更对教育领域所遭遇的困境与挑战进行了深入研究。在撰写过程中，本书广泛参考并借鉴了国内外关于菲律宾教育研究的权威文献，包括专著、译著和核心刊物。同时，为了丰富研究的广度和深度，本书还引用了文化史、文学史方面的著作和资料，并融入了与教育相关的文学作品。更为值得一提的是，本书基于菲律宾政府、菲律宾教育部等权威机构发布的最新一手数据信息，确保内容的准确性和详实度，为读者提供了菲律宾教育情况的全景图。本书得以顺利完成得益于编写团队的共同努力。具体而言，本书分工如下：第一章由肖福军撰写；第二章由林虹池、冯泽媛撰写；第三章由贺亿撰写；第四章由蔡娟、刘丹撰写；第五章由瞿铮、武雪蓉撰写；第六章由杨旭婷撰写；第七章由蓝文婷撰写；第八章由董虓撰写；第九章由陈世婷撰写；第十章由王小栋、于妍撰写；第十一章由祁冉撰写；本书前言和后记由王小栋撰写。王小栋对全书进行了审改和统稿。衷心感谢以上师生学友的慷慨帮助和支持。

在本书编写过程中，北京外国语大学党委书记、中国教育学会副会长兼国际教育分会理事长、"一带一路"国家文化教育大系总主编王定华教授和北京外国语大学国际教育学院院长秦惠民教授给予了专业指导，外研社总编辑刘捷编审给予了鼓励和支持，外研社孙凤兰编审、巢小倩副编审等为本书编辑、出版提出了中肯的意见。谨向所有帮助过我们的专家和学者表示真诚的谢意！本书部分图片来自 unsplash、pexels、pixabay、fliker 网站，北京外国语大学亚洲学院菲律宾语教研室的霍然老师以及菲律宾布拉卡大学孔子学院葛红丽老师提供了部分图片，在此一并致谢！

王小栋

2024 年 9 月于北京外国语大学国际教育学院

目　录

第一章　国情概览 ... 1
第一节　自然地理 ... 1
一、地理位置 ... 1
二、地形地貌 ... 2
三、气候环境 ... 2
四、自然资源 ... 3
五、世界自然遗产 ... 4

第二节　国家制度 ... 5
一、国家象征 ... 5
二、行政区划 ... 6
三、政治制度 ... 7
四、政党和团体 ... 8

第三节　社会生活 ... 9
一、人口、民族、语言和宗教 ... 9
二、经济状况 ... 9
三、主要城市 ... 11
四、新闻媒体 ... 13

第二章　文化传统 ... 15
第一节　历史沿革 ... 15
一、古代 ... 15
二、近现代 ... 16

第二节　风土人情 ... 19
一、主要节日 ... 19

二、传统服装 ·· 19
　　三、特色饮食 ·· 20
　　四、传统居所 ·· 21
　　五、音乐与舞蹈 ·· 22
第三节 文化名人 ·· 23
　　一、文学家 ·· 23
　　二、音乐家和艺术家 ·· 25

第三章 教育历史 ·· 27
第一节 历史沿革 ·· 27
　　一、西班牙殖民统治时期 ·· 27
　　二、美国殖民统治时期 ·· 31
　　三、独立后至今 ·· 35
第二节 教育人物 ·· 42
　　一、何塞·黎刹 ·· 42
　　二、克拉罗·M.雷克托 ·· 44
　　三、露德丝·昆萨炳 ·· 45

第四章 学前教育 ·· 47
第一节 学前教育的发展和现状 ···································· 47
　　一、学前教育的发展历程 ·· 47
　　二、学前教育的现状 ·· 51
第二节 学前教育的挑战和对策 ···································· 57
　　一、学前教育面临的挑战 ·· 57
　　二、学前教育的应对措施 ·· 59

第五章 基础教育 ··· 61
第一节 基础教育的发展和现状 ························ 61
一、基础教育的发展历程 ···························· 61
二、基础教育的现状 ································ 65
第二节 基础教育的特点和经验 ························ 75
一、基础教育的特点 ································ 75
二、基础教育的经验 ································ 76
第三节 基础教育的挑战和对策 ························ 78
一、基础教育面临的挑战 ···························· 78
二、基础教育的应对措施 ···························· 81

第六章 高等教育 ··· 84
第一节 高等教育的发展和管理 ························ 84
一、高等教育的发展历程 ···························· 84
二、高等教育的管理与质量保障体系 ·················· 90
第二节 高等教育的特点和经验 ························ 93
一、高等教育的特点 ································ 94
二、高等教育的经验 ································ 97
第三节 高等教育的挑战和对策 ······················· 100
一、高等教育面临的挑战 ··························· 101
二、高等教育的应对措施 ··························· 104

第七章 职业教育 ·· 107
第一节 职业教育的发展和现状 ······················· 107
一、职业教育的发展历程 ··························· 107
二、职业教育的现状 ······························· 111

第二节 职业教育的经验 ……………………………………… 122
    一、设立专门部门统筹职业教育发展 …………………… 122
    二、做强本国职业教育专业特色 ………………………… 123
    三、助力本国教育扶贫 …………………………………… 123
    四、开展国际合作 ………………………………………… 124
第三节 职业教育的挑战和对策 ……………………………… 125
    一、职业教育面临的挑战 ………………………………… 125
    二、职业教育的应对措施 ………………………………… 127

第八章 成人教育 ………………………………………………… 130
第一节 成人教育的发展和现状 ……………………………… 130
    一、成人教育的发展历程 ………………………………… 130
    二、成人教育的现状 ……………………………………… 132
第二节 成人教育的特点和经验 ……………………………… 135
    一、成人教育的特点 ……………………………………… 136
    二、成人教育的经验 ……………………………………… 139
第三节 成人教育的挑战和对策 ……………………………… 142
    一、成人教育面临的挑战 ………………………………… 142
    二、成人教育的应对措施 ………………………………… 143

第九章 教师教育 ………………………………………………… 145
第一节 教师教育概况 ………………………………………… 145
    一、教师教育机构 ………………………………………… 145
    二、教师培训、管理与待遇 ……………………………… 146
第二节 教师教育的特点和经验 ……………………………… 153
    一、教师教育的特点 ……………………………………… 154
    二、教师教育的经验 ……………………………………… 157

第三节　教师教育的挑战和对策 ·················· 159
　　　　一、教师教育面临的挑战 ·················· 160
　　　　二、教师教育的应对措施 ·················· 163

第十章　教育行政与教育政策 ·················· 166
　　第一节　教育行政 ·················· 166
　　　　一、中央教育行政 ·················· 166
　　　　二、地方教育行政 ·················· 171
　　第二节　教育政策 ·················· 176
　　　　一、政策与规划 ·················· 176
　　　　二、实施与挑战 ·················· 180

第十一章　中菲教育交流 ·················· 184
　　第一节　交流历史 ·················· 184
　　　　一、古代交流史 ·················· 184
　　　　二、中菲建交后的教育交流 ·················· 185
　　第二节　交流原则与概况 ·················· 187
　　　　一、交流原则 ·················· 187
　　　　二、交流概况 ·················· 188
　　第三节　案例与思考 ·················· 193
　　　　一、案例：孔子学院 ·················· 193
　　　　二、思考 ·················· 194

结　　语 ·················· 197

参考文献 ·················· 200

第一章 国情概览

菲律宾共和国，简称菲律宾，是位于亚洲东南部的一个群岛国家。本章将从自然地理、国家制度和社会生活三个方面呈现菲律宾的国情概要，为读者理解其文化教育奠定一定基础。

第一节 自然地理

一、地理位置

菲律宾共和国位于亚洲东南部。北隔巴士海峡与中国台湾省遥遥相对，南和西南隔苏拉威西海、巴拉巴克海峡与印度尼西亚、马来西亚相望，西濒南海，东临太平洋。共有大小岛屿7 000多个，其中吕宋岛、棉兰老岛、萨马岛等11个主要岛屿占全国总面积的96%。海岸线长约18 533千米。[1]

---

[1] 中华人民共和国外交部. 菲律宾国家概况 [EB/OL].（2024-04）[2024-05-15]. https://www.mfa.gov.cn/web/gjhdq_676201/gj_676203/yz_676205/1206_676452/1206x0_676454/.

二、地形地貌

菲律宾最明显的自然特征是群岛的不规则的布局。这些岛屿主要由火山岩和珊瑚组成,群岛地形多以山地为主,占总面积3/4以上。其中吕宋岛东南的马荣火山海拔2 421米,是菲律宾最大的活火山,棉兰老岛东南部的阿波火山海拔2 954米,为境内最高峰。大部分的山脉与岛屿本身的大方向相同,呈南北走向,影响各岛上东西两部分的降雨量,同时也使得河流系统普遍向北发展。除少数岛屿有较宽广的内陆平原外,大多数岛屿仅沿海有零星分布的狭窄平原。各岛之间为浅海,多珊瑚礁。菲律宾群岛两侧为深海,萨马岛和棉兰老岛以东的菲律宾海沟,最深达10 479米,是世界海洋最深的地区之一。[1]

三、气候环境

菲律宾绝大部分地区属海洋性热带季风气候,年平均气温27摄氏度,年降水量2 000—3 000毫米。一般来说,5—10月,富含水汽的风从西南方向吹来,台风频现,雨水丰沛,尤以吕宋岛和米沙鄢群岛地区为最;11月到次年5月为旱季,相对干燥的风从东北方向吹来,其中11月到次年2月,白天阳光充足,晚上空气凉爽,令人精神振奋,而3—5月,大多数地方十分炎热,特别是在宿务、达沃和马尼拉等城市,温度有时会上升到38摄氏度。[2] 然而整体温度随着海拔的升高而下降,位于高海拔地区的城市和城镇,如吕宋岛北部的碧瑶、马尼拉南部的卢克班以及棉兰老岛中部的马来巴来全年都有舒适的气候。[3]

---

[1] 资料来源于世界地图集网站。
[2] 资料来源于大英百科全书网站。
[3] 资料来源于大英百科全书网站。

四、自然资源

菲律宾的矿藏主要有铜、金、银、铁、铬、镍等 20 余种,其中铜蕴藏量约 48 亿吨、镍 10.9 亿吨、金 1.36 亿吨。此外,地热资源预计有 20.9 亿桶原油标准能源。[1]

菲律宾野生动植物资源相当丰富。森林面积达 1 579 万公顷,覆盖率约为 53%;有近万种植物,其中高等植物有 2 500 余种,盛产有乌木、檀木等名贵木材。菲律宾野生动物种类繁多,主要有野水牛、眼镜猴、鼠鹿、刺猬、老鼠、食猴鹰等。菲律宾海岸线绵长,海域宽广,水产资源丰富,鱼类品种达 2 400 多种,金枪鱼资源居世界前列。此外,菲律宾还有大面积的海水、淡水渔场。[2]

吕宋岛和民都洛岛的冲积平原和梯田有深黑色的裂纹黏土,以及特别适合种植水稻的新冲击土壤。丘陵和山区的大部分土地由微润、肥沃的土壤组成,通常含有大量的火山灰,有利于果树和菠萝生长。油棕榈、蔬菜和其他作物种植在泥炭地区,以及沿海平原、沼泽和湖泊地区较年轻的沙基土壤中。比科尔半岛、米沙鄢群岛大部分地区和吕宋岛西北端的起伏地形的深色、有机、富含矿物质的土壤被用来种植咖啡、香蕉和其他作物。高度风化、通常为红色或黄色的土壤在菲律宾中部和南部非常突出,通常种植木薯和甘蔗。[3]

---

[1] 中华人民共和国外交部. 菲律宾国家概况 [EB/OL].（2024-04）[2024-05-15]. https://www.mfa.gov.cn/web/gjhdq_676201/gj_676203/yz_676205/1206_676452/1206x0_676454/.

[2] 中华人民共和国外交部. 菲律宾国家概况 [EB/OL].（2024-04）[2024-05-15]. https://www.mfa.gov.cn/web/gjhdq_676201/gj_676203/yz_676205/1206_676452/1206x0_676454/.

[3] 资料来源于大英百科全书网站。

五、世界自然遗产

菲律宾有三项联合国教科文组织世界遗产地。[1]

（一）哈米吉坦山野生生物保护区

哈米吉坦山野生生物保护区于 2014 年被列入世界自然遗产。该保护区位于东棉兰老岛生物多样性走廊的东南部，海拔高度为 75—1 637 米，为一系列植物、动物物种提供了重要的栖息地。哈米吉坦山野生生物保护区展示了不同海拔的陆地和水生栖息地，特别是一些濒危物种，如标志性的菲律宾鹰和菲律宾凤头鹦鹉，其中 8 个物种是哈米吉坦山所独有的。

（二）普林塞萨港地下河国家公园

普林塞萨港地下河国家公园位于巴拉望省北岸圣保罗山区，于 1999 年被列为世界自然遗产。普林塞萨港地下河国家公园以壮观的石灰岩喀斯特地貌和地下河为特色。地下河的一个显著特点是它直接涌入大海，而且受到潮汐的影响。该地区包含完整的"从山到海"的生态系统，是多种生物的重要栖息地。

（三）图巴塔哈礁海洋公园

图巴塔哈礁海洋公园位于菲律宾西南部巴拉望岛东南方向的苏禄海上，占地 96 828 公顷，包括南、北环礁和杰西–比斯利礁，于 1993 年被列为实

---

[1] 资料来源于联合国教科文组织网站。

际自然遗产。该公园拥有原始且独特的珊瑚礁以及广阔的潟湖，具有非常高的海洋物种密度，其中北岛是很多鸟类和海龟的筑巢地。

第二节 国家制度

一、国家象征

菲律宾国旗呈横长方形，长与宽之比为2∶1。靠旗杆一侧为白色等边三角形，中间是放射着八束光芒的黄色太阳，三颗黄色的五角星分别在三角形的三个角上。旗面右边是红蓝两色的直角梯形，两色的上下位置可以调换。平时蓝色在上，战时红色在上。太阳和光芒图案象征自由；八道较长的光束代表最初起义争取民族解放和独立的八个省，其余光芒表示其他省。三颗五角星代表菲律宾的三大地区：吕宋、萨马和棉兰老岛。蓝色象征忠诚、正直，红色象征勇气，白色象征和平和纯洁。[1]

菲律宾国徽为盾形。中央是太阳放射光芒图案，三颗五角星在盾面上部，代表菲律宾的三大地区：吕宋、萨马和棉兰老岛。左下方为蓝底黄色的鹰，右下方为红底黄色狮子。狮子和鹰图案分别为在西班牙和美国殖民统治时期菲律宾的标志，象征菲律宾摆脱殖民统治、获得独立的历史进程。盾徽下面的白色绶带上用菲律宾语写着"菲律宾共和国"。

---

[1] 资料来源于大英百科全书网站。

二、行政区划

菲律宾首都为大马尼拉市，人口约 1 846 万（2020 年 10 月）。1976 年 11 月，菲律宾政府决定把马尼拉、奎松、加洛奥坎、帕萨伊 4 个市和马卡蒂等 17 个市镇组成马尼拉大都会，即国家首都大区，面积达 638.55 平方千米。[1]

菲律宾全国划分为吕宋、米沙鄢和棉兰老三大部分。全国设有国家首都大区、科迪勒拉大区、棉兰老穆斯林自治区等 17 个大区，下设 81 个省和 117 个市。

表 1 菲律宾行政区划

序号	地区	序号	地区
1	伊罗戈斯大区	10	北棉兰老大区
2	卡加延河谷大区	11	达沃大区
3	中央吕宋大区	12	南哥苏库萨将大区
4	甲拉巴松大区	13	卡拉加大区
5	比科尔大区	14	国家首都大区
6	西米沙鄢大区	15	科迪勒拉行政区
7	中米沙鄢大区	16	西南他加禄大区
8	东米沙鄢大区	17	棉兰老穆斯林邦萨摩洛自治区
9	三宝颜半岛大区		

---

[1] 资料来源于中国外交部网站。

三、政治制度

菲律宾独立后共颁布过三部宪法。现行宪法于1987年2月2日由全民投票通过，于同年2月11日生效。[1]

菲律宾的国家政体为共和制，实行行政、立法、司法三权分立。总统是国家元首，有行政权，是国家政府的领导人，以及菲律宾所有武装力量的总司令；由选民选举产生，任期为6年，不能连任。内阁成员由总统提名，必须得到任命委员会的确认。菲律宾主要政府部门有外交部、财政部、司法部、农业部、国防部、贸易与工业部、公共工程与公路部、教育部、劳动就业部、预算与管理部、中央银行、卫生部、土地改革部、内务与地方政务部、环境与自然资源部、交通部、通信部、社会福利部、科技部、旅游部、能源部、新闻部、国家经济发展署、高等教育委员会、国税局、国家减贫委员会、基地转化署等。

菲律宾的最高立法机构是国会，由参议院和众议院组成。参议院有24名议员，由全国直接选举选出，任期6年，每三年改选二分之一，可连任两届。众议院有300余名议员，其中200名由各省市按人口比例分配，从各选区选出，25名由参选获胜政党委派，25名由总统任命，另有部分其他党派议员。众议员任期3年，可连任三届。[2]

司法部门由最高法院、上诉法院和反贪污特别上诉法院组成。[3] 司法权属最高法院和各级法院。最高法院由1名首席法官和14名陪审法官组成，均由总统任命，拥有最高司法权；下设上诉法院、地方法院和市镇法院。宪法明确授予最高法院司法审查权，即宣布条约、国际或行政协议、法律、

---

[1] 中华人民共和国外交部. 菲律宾国家概况 [EB/OL].（2024-04）[2024-05-15]. https://www.mfa.gov.cn/web/gjhdq_676201/gj_676203/yz_676205/1206_676452/1206x0_676454/.

[2] 中华人民共和国外交部. 菲律宾国家概况 [EB/OL].（2024-04）[2024-05-15]. https://www.mfa.gov.cn/web/gjhdq_676201/gj_676203/yz_676205/1206_676452/1206x0_676454/.

[3] 资料来源于菲律宾政府网站。

总统令、公告、命令、指示、法令或条例违宪的权力。

国家的行政、立法、司法部门相互制约：总统可以否决国会通过的法律；国会可以通过或拒绝总统的任命，并可在特殊情况下解除总统的职务；最高法院法官是由总统任命的，可以推翻违反宪法的法律。[1]

四、政党和团体

菲律宾有大小政党 100 余个，大多数为地方性小党。主要政党和团体如下。

菲律宾联邦党于 2018 年由时任总统杜特尔特的支持者成立，呼吁菲律宾实行联邦制。党主席是小马科斯，2022 年大选赢得总统选举的胜利。

菲律宾民主党，原名民主人民力量党，成立于 1982 年，由前参议长阿奎里诺·皮门特尔二世创建。2016 年，该党候选人杜特尔特赢得总统选举。2021 年，该党因内部分歧再次分裂为两大派系。2024 年，改名为菲律宾民主党。

自由党由菲律宾第 5 任总统曼努埃尔·罗哈斯于 1946 年创立，早期成员主要是从国家主义党内分裂出来的自由派人士。2001 年阿罗约政府上台后，该党加入执政联盟，后又脱离执政联盟。2010 年该党推选的阿基诺三世参加总统大选并当选菲律宾第 15 任总统。2016 年，该党候选人莱妮·罗布雷多当选菲律宾第 16 任副总统。

基督教穆斯林民主力量党系前总统拉莫斯于 1991 年底创立，由人民力量党、全国基督教民主联盟、菲律宾穆斯林民主联盟等整合而成。该党主张实行两党制，通过修宪扩大地方政府权力，改革选举制度，将总统任期

---

[1] 资料来源于菲律宾政府网站。

从六年一届修改为四年一届，可连任两届；主张通过谈判实现民族和解，促进社会稳定；经济上重视农业发展，增加就业，扶助贫困，加快私有化进程，奉行开放政策。1992年该党在大选中获胜，成为执政党。

菲律宾的其他政党还有民主行动党、地方发展优先党、改革党、民主战斗党、民族党等。[1]

第三节 社会生活

一、人口、民族、语言和宗教

截至2022年，菲律宾的人口约为1.1亿。其中马来人占全国人口的85%以上，主要民族有比萨扬、他加禄、伊洛克、比科尔等，其他还有邦板牙人、班司兰人等，以及华人、阿拉伯人、印度人、西班牙人和美国人等移民。菲律宾全国有70多种民族语言，绝大部分属南岛语系印度尼西亚语族。国语是以他加禄语为基础的菲律宾语，英语为官方语言。约85%的居民信奉天主教，还有部分居民信奉伊斯兰教、基督教新教和原始宗教。[2]

二、经济状况

菲律宾的经济属于出口导向型经济，对外部市场依赖较大。第三产业

---

[1] 中华人民共和国外交部. 菲律宾国家概况 [EB/OL]. （2024-04）[2024-05-15]. https://www.mfa.gov.cn/web/gjhdq_676201/gj_676203/yz_676205/1206_676452/1206x0_676454/.

[2] 中华人民共和国外交部. 菲律宾国家概况 [EB/OL]. （2024-04）[2024-05-15]. https://www.mfa.gov.cn/web/gjhdq_676201/gj_676203/yz_676205/1206_676452/1206x0_676454/.

在国民经济中地位突出,农业和制造业也占相当比重。马科斯执政后,将经济发展作为首要任务,聚焦农业、能源等重点领域发展,经济保持较高增速,但也面临高通胀、高债务、高失业率、粮食和电力价格居高不下等问题。主要经济数据如下:国内生产总值(2021年)约3 919亿美元;人均国内生产总值(2021年)约3 595美元;国内生产总值增长率(2022年)为7.6%;通货膨胀率(2022年)为5.8%。[1]

受地理位置和气候条件影响,菲律宾盛产热带植物,主要农业产品包括椰子油、香蕉、糖及糖制品、椰丝、未加工烟草、天然橡胶和海藻等。此外,菲律宾的木材、渔业等也十分发达。2021年,正规经济部门共有2 896家企业从事农业、林业和渔业活动;从行业类别来看,畜牧业的企业数量最多,有1 389家(占比48.0%),其次是种植非多年生作物的企业,共有473家(占比16.3%)。[2]农业雇用了大约三分之一的劳动力,但其在国民生产总值中的份额只有10%左右。

菲律宾制造业以食品加工、化工产品、无线电通信设备等行业为主,占总产出的65%以上。该国的主要出口产品包括电子、半导体、运输设备、建筑材料和矿物。日本、美国、中国、韩国和德国是菲律宾最大的出口市场。[3]2021年,正规经济部门共有25 279家企业从事制造活动,相较于2020年从事该类别的22 083家企业,2021年增加了14.5%。[4]菲律宾资源丰富,但在20世纪末,由于工业快速扩张,导致了环境的严重退化。[5]

菲律宾是全球主要劳务输出国之一,其服务业产值约占全国生产总值的60%。据统计,在海外工作的菲律宾劳工约230万人,其中约24%在沙

---

[1] 中华人民共和国外交部. 菲律宾国家概况[EB/OL]. (2024-04)[2024-05-21]. https://www.mfa.gov.cn/web/gjhdq_676201/gj_676203/yz_676205/1206_676452/1206x0_676454/.

[2] 资料来源于菲律宾数据统计局网站。

[3] 资料来源于菲律宾政府官网。

[4] 资料来源于菲律宾数据统计局网站。

[5] 资料来源于菲律宾国家在线网站。

特阿拉伯工作，16% 在阿联酋工作。[1]

菲律宾的旅游资源较为丰富，当地政府十分重视发展旅游业，采取了一系列积极措施吸引世界各地的游客。近年来，旅游业逐渐发展为菲律宾外汇收入的重要来源之一。菲律宾的主要游客来源国包括美国、中国、韩国、日本、澳大利亚等。菲律宾在 2019 年接待了 820 万外国游客，创下了历史新高。菲律宾最重要的旅游景点包括阿克兰省的长滩岛、巴拉望省的普林塞萨港地下河、阿尔拜省的马荣火山、北苏里高省的锡亚高岛和伊富高省的巴纳韦水稻梯田，以及马尼拉、碧瑶、维甘、宿务和达沃等城市。[2] 旅游业也是国家经济的一个重要部门，贡献了菲律宾 GDP 的约 10%。

三、主要城市

（一）马尼拉

马尼拉是菲律宾的首都。马尼拉市是菲律宾人口第二多的城市，大约有 178 万。然而它是世界上人口最稠密的城市之一，远高于加尔各答、孟买、巴黎、东京等。在最近几年的人口普查中，马尼拉的人口出现了交替减少和增加。这一趋势可能是郊区人口增长的结果。[3]

这座繁华的历史名城有很多博物馆、公园、剧院、购物中心和大量餐馆。马尼拉还以其多样的美食和街头食品市场而闻名，如黎牙实比（莱加斯皮）周日市场、奎亚波市场和该国自己的唐人街——岷伦洛。[4]

---

[1] 中华人民共和国外交部. 菲律宾国家概况 [EB/OL]. [2023-12-21]. https://www.mfa.gov.cn/web/gjhdq_676201/gj_676203/yz_676205/1206_676452/1206x0_676454/.

[2] 资料来源于菲律宾政府网站。

[3] 资料来源于世界地图集网站。

[4] 资料来源于美国国家地理网站。

（二）奎松市

虽然奎松市不是国家的首都，但它是菲律宾最大的城市，拥有大约290万居民。该市由菲律宾第二任总统曼努埃尔·奎松创建，1948—1976年曾是该国的官方首都。虽然奎松仅成立于1939年，但它在短时间内经历了急剧的人口增长，在1990年超过了马尼拉的人口，是菲律宾第一个超过200万人口大关的城市。预计到2025—2030年，该市的人口将达到400万。[1]

奎松市是一个高度城市化的地区，拥有包括众议院和副总统办公室等几个政府办公场所。此外，奎松也是全国一些重要教育机构的所在地，如马尼拉雅典耀大学和菲律宾迪利曼大学。奎松市拥有包括奎松纪念碑在内的多个景点。因此，奎松市人口众多不仅是因为它高度城市化，而且还因为它是一个教育、文化和娱乐中心。

（三）达沃市

达沃市是菲律宾土地面积最大的城市，有2 443.6平方千米。它的人口密度低于菲律宾的一些大城市。[2] 达沃市是棉兰老岛的主要工业、商业和贸易中心，也是一个很好的度假胜地。旅游胜地包括伊甸园自然公园（一个非常适合放松的山地度假胜地）、马拉戈斯花园度假村（一个占地12公顷的自然主题公园，拥有菲律宾第一个巧克力博物馆）、杰克岭（一个可以看到城市壮观景色的餐饮胜地）和阿波火山。达沃也是著名的极度濒危鸟类——菲律宾鹰（又称食猴鹰）的家园，它是菲律宾的国鸟。[3]

---

[1] 资料来源于世界地图集网站。
[2] 资料来源于世界地图集网站。
[3] 资料来源于美国国家地理网站。

（四）宿务市

宿务市是米沙鄢群岛最大的城市，也是人口在全国排名第五的城市，约为 92 万。宿务市位于宿务岛，是该行政区域的重要行政、教育、贸易和商业中心。此外，它占全国国内航运公司总数的 80%，使其成为一个有吸引力的定居城市。[1]

宿务市体现出海岛海岸和国际大都市生活的完美平衡，是菲律宾外国和国内游客的首选目的地之一。它也是该国最古老的城市和菲律宾基督教的发源地之一。游客可以在城市外围的岛屿海岸上享受游泳的乐趣，也可以在卡瓦桑瀑布进行峡谷探险。[2]

四、新闻媒体

菲律宾的报纸业十分发达，主要英文日报有《马尼拉公报》《菲律宾星报》《菲律宾每日问询者报》《每日论坛报》《马尼拉时报》《马尼拉标准报》《商业世界报》《商业镜报》《马拉亚商业观察报》；菲文日报有《前进报》；华文日报有《世界日报》《菲律宾商报》《菲华时报》《联合日报》《菲律宾华报》。

新闻部长办公室负责制定国家媒体政策，发布政府信息，运营国有媒体，与菲私营媒体界保持沟通，并对驻菲外国媒体和通讯机构进行注册和管理。其下属主要新闻单位有菲律宾通讯社和国家广播电台。其中菲律宾通讯社成立于 1973 年 3 月 1 日，与中国、马来西亚、印尼、泰国、巴基斯坦、日本等 15 个国家和地区的通讯社建有新闻交换关系，与美联社、路透

---

[1] 资料来源于世界地图集网站。
[2] 资料来源于美国国家地理网站。

社均有工作联系。国家广播电台为菲律宾历史最为悠久的电台之一，覆盖全国主要城市。全国有 629 家广播电台，其中商业电台 488 家，非商业电台 51 家，32 家政府所有，10 家宗教台，7 家教育台；137 家电视台，其中广播局和人民电视台属官方性质，其余均为私人所有。菲广播电台、电视台使用的语言主要是英语、菲律宾语和华语。[1]

---

[1] 中华人民共和国外交部. 菲律宾国家概况 [EB/OL].（2024-04）[2024-05-15]. https://www.mfa.gov.cn/web/gjhdq_676201/gj_676203/yz_676205/1206_676452/1206x0_676454/.

第二章 文化传统

菲律宾拥有丰富的多元民族文化。本章将概述菲律宾的历史与文化。

第一节 历史沿革

一、古代

古代马来人到达菲律宾后,建立了村社,后来又有其他族群陆续来到菲律宾,不同的族群给菲律宾群岛带来了丰富多样的文化。各种类型的文化在菲律宾群岛上长期共存、交汇混合,使得菲律宾成为一个拥有丰富多彩文化遗产的国家。

生活在菲律宾的古代居民已懂得不少有关工程学、医学、天文学的知识,并在文学和雕刻艺术方面有所成就:他们兴建伊富高梯田和盘山灌溉水渠;能识别多种草药用以医治疾病;创造了许多文学作品;在雕刻艺术方面也有相当高的水平,包括竹雕、木雕、石雕等。[1] 菲律宾的早期文明延续着文明启蒙时期的特色,整体已呈现出较为多元与繁荣的文化风貌。

---

[1] 归通昌. 菲律宾 [M]. 沈阳:辽宁教育出版社,2000:13.

二、近现代

（一）西班牙殖民统治时期

在 16 世纪初，当西班牙殖民者涉足菲律宾时，菲律宾群岛的各个地区正处于不同的社会发展阶段：在山区和内陆的一些部落中，仍然保留着原始的公社制度；而在沿海地区，尽管已经形成了封建制国家，但仍然存在着奴隶制度和氏族制度的痕迹。由于菲律宾社会经济发展不均衡，各个部落和部族分散，殖民者利用他们之间的矛盾和纠纷，挑起纷争，各个击破，以实现他们侵占的目标。[1]"菲律宾"的名字是由西班牙探险家鲁伊·洛佩斯·德·比利亚洛沃斯以西班牙菲利普亲王（后来的国王菲利普二世）的名字命名的。1571 年，西班牙在马尼拉建立殖民政府。[2]在西班牙殖民统治期间，菲律宾的社会、文化和政治都受到了西班牙的深刻影响：天主教进入了普通人的宗教生活；吉他成为喜闻乐见的民间乐器；大量西班牙语词汇融入本土语言，尤其是随着建筑、宗教、法律、音乐、饮食等新的文化形式补入的外来语；菲律宾人的姓氏、名字以西班牙姓名的形式世代相传；街区、道路的西班牙语名称沿用至今。[3]菲律宾的文化融合了西班牙和亚洲的元素，形成了独特而多样化的文化身份。同时，西班牙的殖民统治伴随着社会不平等和剥削。殖民者剥夺了当地居民的土地和资源，导致社会不公和经济贫困。16—18 世纪，整个菲律宾群岛民众发动了 200 多次起义。[4]

1896 年，菲律宾爆发革命。1898 年，西班牙在美西战争中失败，根据美西《巴黎条约》将菲律宾割让给美国。[5]

---

[1] 许永璋. 菲律宾独立战争 [M]. 商务印书馆，1987：2.
[2] 古小松. 东南亚：历史、现状、前瞻 [M]. 广州：世界图书出版公司，2013：263.
[3] 索飒. 语言，走过历史的沧桑 [J]. 读书，1999（7）：5.
[4] 马燕冰. 菲律宾 [M]. 北京：社会科学文献出版社，2019：93.
[5] 古小松. 东南亚：历史、现状、前瞻 [M]. 广州：世界图书出版公司，2013：263.

在西班牙殖民统治时期，菲律宾本地文化深受打击，西班牙文化在菲律宾占据主导地位，从语言文字到宗教信仰，从饮食习惯到艺术创作等方方面面都出现了大量西班牙文化元素，至西班牙殖民统治者退出菲律宾，当地文化已留下西班牙的深深印记。

（二）美国殖民统治时期

1898年12月，美军根据《巴黎条约》进驻菲律宾。政治上，美国在菲律宾建立起一套完整的统治秩序；经济上，美国通过强加不平等条约垄断菲律宾的主要经济命脉；文化上，美国大力输出美国式的价值观念和意识形态。[1] 英语成了菲律宾人最常用的社交语言，学校教育完全英语化。[2] 美国的统治政策侵犯了菲律宾的主权和民族独立，造成了菲律宾经济的畸形发展和人民的贫困，阻碍了菲律宾民族文化的传承。[3]

1934年，美国立法者通过了《泰丁斯-麦克杜菲法案》。该法案规定在10年的过渡期满后允许菲律宾独立；过渡期间菲律宾建立自治政府；菲律宾自治宪法由民选的宪法会议制定，但外交权仍属于美国，菲律宾国会通过的有关移民、商贸和货币体制的法律必须得到美国总统的批准。但是，菲律宾人民强烈反对所谓的"自治"，要求立即完全独立。各政党、各阶层都投入到争取独立的抗争之中，引发了"萨达可党人"起义，遭到美国殖民当局的血腥镇压。[4]

1935年，菲律宾自治政府成立，设立了9个行政部门，各行政部门的部长均由菲律宾人担任，并建立了一院制的国民会议；根据国民会议通过的第3号法令，改组了司法部，最高法院成员由9人减至7人，创立了由

---

[1] 宋云伟. 美国对菲律宾的殖民统治及其影响 [J]. 世界历史，2008（3）：48-58.
[2] 王文良. 新殖民主义的发端：二十世纪初美国对菲律宾的统治 [J]. 美国研究，1993（3）：124.
[3] 宋云伟. 美国对菲律宾的殖民统治及其影响 [J]. 世界历史，2008（3）：48-58.
[4] 马燕冰. 菲律宾 [M]. 北京：社会科学文献出版社，2019：102.

15 人组成的上诉法院；将全国分成 9 个司法区，并改组了初审法院。[1]

在美国殖民统治时期，美国大举实施文化入侵，并建立起一套符合西方文明的社会治理体系与文化教育体系。在该阶段，菲律宾的本土文明持续受到压制，整体文明风貌向西方世界靠拢。

（三）二战及菲律宾独立后

1941 年 12 月 9 日，日本在偷袭珍珠港后，轰炸了美国在菲律宾的海、空军基地，紧接着在北吕宋、南吕宋登陆，随后开始对马尼拉猛烈轰炸。1942 年 1 月 2 日，日军攻破马尼拉，美菲军队全部投降，但菲律宾人民自发奋起抵抗，也有菲军官兵带着武器转移到深山里，在民众的帮助下与侵略者打游击战。[2]

二战结束后美国重新统治菲律宾。在民族独立运动高涨的情形下，1946 年 7 月 4 日，美国同意如期"给予"菲"独立"地位，菲律宾宣布独立。1962 年，菲律宾政府宣布把菲律宾的独立日从 7 月 4 日改为 6 月 12 日，即菲律宾摆脱西班牙殖民统治的日子。[3] 菲律宾独立后，自由党和国民党轮流执政。1965 年国民党候选人马科斯当选二战后第六任总统，并三次连任；1983 年 8 月，反对党领导人贝尼尼奥·阿基诺被谋杀，导致政局动荡；1986 年 2 月 7 日，菲律宾提前举行总统选举，贝尼尼奥·阿基诺的夫人科拉松·阿基诺出任总统。此后，拉莫斯和埃斯特拉达等按宪制当选总统。[4]

---

[1] 李涛，陈丙先. 菲律宾概论 [M]. 广州：世界图书出版公司，2012：120.
[2] 马燕冰. 菲律宾 [M]. 北京：社会科学文献出版社，2019：93.
[3] 古小松. 东南亚：历史、现状、前瞻 [M]. 广州：世界图书出版公司，2013：263.
[4] 中华人民共和国外交部. 菲律宾国家概况 [EB/OL]. [2023-12-21]. https://www.mfa.gov.cn/web/gjhdq_676201/gj_676203/yz_676205/1206_676452/1206x0_676454/.

第二节 风土人情

一、主要节日

菲律宾是世界上节日最多的国家之一，全国各民族大大小小节日有几百个，其中全国性的节日就有20多个，而传统的民族风格与外来文化的熏陶更是构成了菲律宾群岛上东西方文化融合的独特风貌。[1]

菲律宾的国家法定节日有元旦（1月1日）、宪法日（1月的第三个周末）、圣周日（3月15日后的第一个星期日）、巴丹日（4月9日，也称"勇敢节"）、国际劳动节（5月1日）、五月花节（5月的最后一个星期日）、独立日（6月12日）、国家英雄日（8月最后一个星期一）、万圣节（11月1日）、博尼法西奥日（11月30日）、圣诞节（12月25日）、黎刹日（12月30日）等，民间节日有黑面拿撒勒耶稣节（1月9日）、狂欢节（在1月的第三个星期）、鲜花节（2月的最后一周）、捕鱼节（4月的第一个星期五）、血盟节（5月18—23日）、波卡威河庆典（7月的第一个星期日）、棉兰老节（8月的第三个星期日）、面具节（10月19日）、圣克里蒙节（11月22—23日）等。[2]

二、传统服装

在传统服装方面，菲律宾男士的礼服叫"巴隆他加禄"，是丝质刺绣长袖或短袖衬衫，下摆两边开叉，腰部较窄，前衣襟上有两个大口袋，胸前

---

[1] 归通昌. 菲律宾[M]. 沈阳：辽宁教育出版社，2000：25.
[2] 马燕冰. 菲律宾[M]. 北京：社会科学文献出版社，2019：47-53.

两边各有一条织出来的垂直白色花纹。[1] 菲律宾女士的礼服叫"特尔诺",用菠萝纤维布料制成。特尔诺为圆领短袖连衣裙样式,裙服两袖挺直,袖根高耸超出肩部,腰部细小,结合了西欧许多国家特别是西班牙妇女服装的特点,由早期的欧式套裙演变而来。[2] 作为菲律宾传统服饰代表的巴隆他加禄和特尔诺,随着时代的发展融合了多种服装样式,其本身的造型款式也处于不断的变化与发展之中,兼具历史潮流和民族文化的多重面向。[3] 随着时代的变迁和生活节奏的加快,居住在平原地区的大部分菲律宾人逐渐适应了普通服装,只有在特殊场合才会穿着特尔诺和巴隆他加禄。

由于菲律宾拥有多元的民族群体,因此在穿戴风格上存在着一些差异。居住在山区的阿埃塔人喜好有质感的、精美的纺织服饰;吕宋岛北部地区的伊洛克人通常穿着较为简单的服饰,主要由手工纺织而成;棉兰岛的巴戈博人则擅长纺织和刺绣,他们会将矿物和植物作为染料,制作色彩和花纹多样的服装。

三、特色饮食

正如其丰富多元的文化,菲律宾食物种类和烹调方法等方面都体现出了多种族和多民族融合的特征。在食物种类方面,无论是节日食品还是日常食品,大多数菲律宾人的正餐都是以煮熟或蒸熟的米饭或米粉为主。此外,木薯也是他们钟爱的主食——菲律宾人常用木薯汁煮饭,或用椰汁煮木薯作饮料。在正餐之后,菲律宾人还喜欢再吃些水果,如香蕉、芒果、菠萝、椰子等热带水果,其中芒果被称为菲律宾的国果。在口味上,菲律

---

[1] 马燕冰. 菲律宾 [M]. 北京:社会科学文献出版社,2019:55.
[2] 马燕冰. 菲律宾 [M]. 北京:社会科学文献出版社,2019:56.
[3] 阳阳,黄瑜,曾添翼,等. 菲律宾文化概论 [M]. 广州:世界图书出版公司,2014:252.

宾人偏好酸、甜辣，喜欢使用辣椒、大蒜、醋等比较有刺激性的调料。在烹饪方式上，菲律宾人偏好油炸或烧烤的方式，炸香蕉、炸猪皮和烤乳猪等都是菲律宾常见的菜品。

菲律宾的饮食深受中国文化影响。菲语中一些关于食物的词汇是从闽南话借用而来的。例如 Bihun（米粉）、Misua（线面）、Siomai（烧卖）、Mami（肉面）和 Pansit（扁食）等都有闽南话的语音痕迹。[1] 这些美味的菜肴不仅丰富了菲律宾的饮食文化，也见证了中国文化在这片土地上的深远影响。

此外，西班牙和美国对菲律宾的饮食习惯也造成了较大影响。例如，西班牙为菲律宾带来了玉米、番茄等食材，以及刀、叉、勺等西式餐具，而美国试图将美式食品卫生标准及食品烘焙技术等照搬至菲律宾，带来最显著的影响即是菲律宾人对油炸与烧烤食品的偏好。[2]

四、传统居所

建筑既能体现当地的环境与气候特点，也能彰显时代变迁留下的文化印记。

居住在北部巴丹群岛的伊巴坦人为了抵挡夏季季风的侵袭，修建了坚固的堡垒型石灰岩房子，苏碌岛上的巴交人则常年居住在海岸边的船屋里，很少到陆地上居住，而吕宋岛科迪勒拉山脉地区受高山气候影响，修建的房屋大多具有抵御寒冷和潮湿的功能，地板和墙面均为厚木板。在低地和平原地区，大多数乡村还留存一种名为帕尼棚屋的传统房屋。这种房屋是由木柱、竹子、藤条和各种植物叶子搭建而成的干栏式建筑，远离地面，

---

[1] 陈恒汉. 菲律宾文化的外来因素：殖民和开拓 [J]. 华侨大学学报（哲学社会科学版），2010（2）：97.
[2] 张文凤. 菲律宾饮食文化浅析 [J]. 文化学刊，2020（5）：63.

具有通风防暑、防潮防蚊的效果。

西班牙殖民统治的初期，在菲律宾修建了许多石头房子用于居住和办公，但这类房屋在菲律宾频繁地震中受损，因此西班牙人结合本地的木制建筑，设计出一种名为石屋的混合建筑，这种房子只有两层，一层主要用石头，二层则主要用木材，这样既保留了木质框架，又采用了石头砌墙和装饰的工艺。随着建筑技术的发展，欧洲哥特式、巴洛克式和维多利亚式等风格也融入了菲律宾的居民建筑中。

五、音乐与舞蹈

菲律宾民族以能歌善舞著称，几十个民族基本都有自己独特的民族音乐和舞蹈。历史上沿袭下来的民间音乐艺术主要保留在菲律宾北部的吕宋岛附近山区里的族群中，他们受西班牙和美国殖民统治的影响较小，保留着自己独特的传统音乐文化。这一带少数民族主要信奉原始宗教，常常会在集会、节日庆祝或婚庆等民俗生活中唱歌或演奏乐器。歌唱的形式主要为领唱与应答相呼应，领唱者会根据不同的表演情景即兴发挥，而参与者则会附和领唱者的旋律与歌词。这一带盛产毛竹，因此各种竹类乐器是他们的常用乐器，包括竹口弦、竹皮弦琴等。在菲律宾南部的穆斯林地区，宗教性质的歌曲是其文化的重要组成部分，人们常用锣鼓来演奏音乐，如库林当、甘顶甘、阿贡锣等。

西班牙的殖民统治对菲律宾的音乐艺术发展产生了较大影响，尤以广大中部地区为甚。17世纪初期，西班牙的天主教修士们在菲律宾创建了许多儿童唱诗班，并且建立了神学院向学生传授宗教音乐。西方的管风琴、小提琴、钢琴、吉他等乐器传入菲律宾，经过本土化改造后成为菲律宾独特的民族乐器。菲律宾民族乐器合奏乐团"龙达拉"将西班牙传统音乐带到了菲律宾全国各地，他们既会演奏西方古典音乐，又能演奏菲律宾民间音乐。此外，世俗音乐通过与舞蹈结合的形式融入了菲律宾本土文化。在西洋音乐的影响下诞生了巴利套和昆迪曼等歌舞形式。巴利套是节奏较为轻快、曲风诙谐欢乐的歌曲，而昆迪曼则是抒情曲。西班牙的华尔兹、玛祖卡、霍塔等舞曲在菲律宾广泛流传，逐渐发展为有菲律宾民族特色的民间舞曲。

20世纪以后，美国爵士、摇滚、民谣、布鲁斯等音乐在菲律宾的电视台、广播站和各地酒吧中得以传唱，西方的交际舞和迪斯科舞曲也开始盛行，但也有一些人致力于记录和留存菲律宾民间音乐和传统舞蹈，培养新一代歌舞艺术家以在传承过程中推进创新。独立后，菲律宾更加注重在文化方面寻求自我认同和树立民族自信，这种探索在古典音乐和流行音乐上均有所体现。

第三节 文化名人

一、文学家

19世纪中期以后，菲律宾文坛的代表人物有爱国诗人弗朗西斯科·巴尔塔萨尔，他在监狱中创作了他加禄语寓言叙事长诗《弗洛兰第和罗拉》。

19世纪末，菲律宾受教育阶层不断扩大，西方启蒙运动思潮的影响愈发明显。以何塞·黎刹为代表的菲律宾知识分子通过文学改革传播启蒙运动和民族独立的思想。黎刹生于1861年，被誉为菲律宾现代文学的奠基人，早在18岁时便凭借着诗歌《献给菲律宾的青年》获得文学奖项。他用西班牙语创作了反殖民主义主题的长篇小说《不许犯我》《社会毒瘤》和《起义者》等，大胆揭露西班牙殖民统治的罪行和菲律宾民众的疾苦生活，号召同胞反对外族的剥削压迫和殖民统治，传达出浓厚的爱国情愫。黎刹在英勇就义前创作的绝命诗《我最后的告别》深受菲律宾人喜爱，并被广泛传颂，他的牺牲也唤醒了菲律宾人的独立意识，菲律宾革命随之爆发。

克拉罗·瑞克托是菲律宾政治家和作家，他被认为是菲律宾20世纪最伟大的西班牙语作家，曾获菲律宾历史最悠久的文学奖——佐贝尔文学奖。

在美国占领菲律宾之初，最著名的本土作家是洛佩兹·桑托斯，他被誉为"他加禄小说之父"。他的文学作品融合了西班牙殖民时期的浪漫主义风格与美国殖民时期的社会现实主义风格，形成了开创性的独特风格。最著名的是他1905年创作的小说《曙光和日出》，此书探讨了社会主义、资本主义和工会的工作等社会问题，被誉为"菲律宾工人阶级圣经"。

20世纪上半叶，英语逐渐成为菲律宾社会的主流语言，一大批用英语创作的作家涌现出来。这一时期具有代表性的诗人是何塞·加西亚·维拉，他不但创作诗歌，还发表短篇小说，如诗集《众多的声音》和短篇小说集《青春的注脚》等。他的诗歌打破了形式和内容的条条框框，彰显出自由奔放的艺术风格。

美国殖民统治期间，菲律宾的民族独立运动接连不断，菲律宾人希望通过振兴本土语言来抵御美国文化的冲击，用他加禄语创作的文学作品再度兴起，到二战前，本土语言作家已经拥有了庞大的读者群体。诗人何塞·杰西，更广为人知的笔名是胡森·巴图特，用他加禄语写作来表达他对摆脱美国占领的自由的渴望。他创作了许多讽刺作品，揭发和批判社会问题，同时还创作了如《我的祖国》等赞美诗。

二战以后，尼克·杰奎因被认为是最重要的菲律宾作家之一，他在作品内容和风格上注重恢复民族意识，唤醒人们对菲律宾历史文化背景和民族生活的兴趣。杰奎因最具代表性的短篇小说有《三代人》《野餐之后》《垂死的旺顿传说》和《处女宝石的传说》等。

自 20 世纪 60 年代以来，菲律宾当代文学呈现出多元化发展趋势，一些年轻作家进行了实验性创作，尝试用他加禄语来创作诗歌和小说，具有代表性的是弗朗西斯科·何塞，其作品主要关注和分析了阶级斗争与殖民主义等问题。他的长篇小说五部曲《罗萨莱斯萨迦故事》通过追溯两个家庭五代人的矛盾与冲突，探讨解决菲律宾的国家认同、殖民主义与阶级斗争等问题。20 世纪 80 年代后期，菲律宾的女性文学开始兴起，诗歌与小说关注到更广阔的社会现象。这一时期的作家鲁斯·马邦洛的作品在菲律宾广受赞誉，她在《皮奈的书信》中讲述了海外菲律宾女工的悲惨经历，而另一部作品《我，在另一个国家》则让读者洞见海外菲律宾劳工对美好未来的渴望。

二、音乐家和艺术家

19 世纪末，菲律宾人开始反抗西班牙的殖民统治。应菲律宾革命组织"卡蒂普南"的委托，胡里奥·纳克皮尔创作了名为《卡塔加卢甘的贵族达利特》的赞美诗。纳克皮尔是一位自学成才的音乐家和作曲家，他在马尼拉的音乐复兴时期崛起，怀揣着对国家的热爱和对音乐的热情，运用自己的音乐才能来赞美和激励革命军队。而后，胡连·菲利佩创作了《民族进行曲》，最终成为菲律宾国歌。进入 20 世纪以后，菲律宾的音乐开始借鉴西方古典音乐来表达更细腻的情绪和感受。菲律宾早期的交响乐作品是一套根据黎刹的生平创作的乐曲。胡安·赫南德、希拉里·卢比欧等音乐家大多毕业于菲律宾大学的音乐学院，他们从菲律宾的传统音乐中获得灵感并将其融入交响乐和室内乐中。20 世纪中期，菲律宾获得独立以后，本土音乐开始寻求自身的民族认同和文化认同。路克利西亚·卡西拉格的作品《风和打击乐的托卡塔曲》《菲律宾弥撒曲》获得了菲律宾文化遗产奖。

胡安·卢纳是19世纪末菲律宾革命的政治活动家，也是著名画家和雕塑家之一。他的作品以欧洲学院派风格闻名，主题多是文学和历史场景，他的巨幅画作《古罗马斗兽场》曾获得在马尼拉举行的西班牙国家艺术节金奖。19世纪末、20世纪初，菲律宾出现了两位艺术大师，费尔南多·阿穆索罗和古列尔莫·托伦提诺。阿穆索罗被称为"菲律宾艺术界的元老"，他常在风景画作中描绘菲律宾的传统习俗和节日庆典，对菲律宾民族认同感的形成意义非凡。他还创作过一系列关于西班牙殖民的历史画作，其中《菲律宾国旗的制作》和《菲律宾的第一次洗礼》，被广泛复制和传播。托伦提诺在世时曾被授予菲律宾国家雕塑艺术家的称号。他参与了博尼法西奥纪念碑的设计比赛，并获得了第一名的佳绩，其作品如今已成为卡罗奥坎市的标志性建筑。他还创作了雕塑作品《祭品》，后来成为菲律宾大学的标志。20世纪中期，以菲律宾现代美术之父维多利欧·埃德斯为首的菲律宾现代主义画派对阿穆索罗画派发起挑战。现代主义画派与古典派就艺术的性质与功能展开了激烈辩论。现代主义画派鼓励艺术表达的实验，主张艺术可以通过艺术家的思想和感情来表现现实生活。这一批现代派画家的作品抓住了当时社会的焦点和问题，刻画了普通百姓的遭遇。

第三章 教育历史

14世纪前后，菲律宾出现了由土著部落和马来族移民建立的王国，其中最著名的是14世纪70年代兴起的苏禄王国。1521年，菲律宾遭到西班牙殖民者的入侵，菲律宾人奋起抵抗。自1565开始，菲律宾受西班牙殖民统治三百多年。19世纪末20世纪初，美国在美西战争中打败西班牙，开始统治菲律宾。二战期间日本侵占菲律宾。二战结束后美国复占菲律宾直至1946年7月4日，菲律宾宣布独立。在整个殖民时期，西班牙和美国都对菲律宾的教育产生了巨大的影响。

第一节 历史沿革

一、西班牙殖民统治时期

15—16世纪，西班牙除了占据欧洲霸权，还想从东方世界获取利益。1521年，在西班牙政府的支持下，麦哲伦环游世界，到达菲律宾群岛；1565年，菲律宾宿务岛被来自墨西哥的西班牙人占领，自此西班牙政府开始对菲律宾实行殖民统治。在西班牙殖民统治期间，菲律宾社会的方方面面，尤其是文化和宗教方面，都经历了巨大的转变。

（一）西班牙殖民统治下的菲律宾社会

在西班牙殖民统治时期，菲律宾总督一职由西班牙国王直接指派，一般由军人担任。总督集军事、行政、财政和司法大权于一身。为了巩固自身集权势力，西班牙王室对总督的任命和撤换非常频繁，还设立了一定的审查制度对总督进行审查。

总体而言，西班牙在菲律宾建立的殖民政治体系是非常腐败的，各级殖民官吏中饱私囊，通过繁重的赋税和徭役对当地民众进行剥削，当地人民苦不堪言。有许多居民投奔教会，因此教会的势力也不断扩大。

西班牙国内主要崇信天主教，随着1565年西班牙开始对菲律宾实行殖民统治，西班牙修士和传教士也来到了菲律宾。西班牙王室希望通过传教进行文化殖民以巩固其统治，而天主教在西班牙的殖民统治中也确实发挥了重要的作用。包括耶稣会、多明我会、奥古斯丁会等在内的不同教会在菲律宾群岛建立了很多教区进行传教活动。传教士会主动学习当地的方言以便翻译《教理问答》等宗教资料，同时向菲律宾人传播宗教思想。此外，传教士还创办免费的教会学校，对儿童进行天主教教育，在潜移默化中进行文化殖民。总体而言，西班牙在菲律宾的殖民统治的一个重要特点就是政教合一。

（二）教会统治下的菲律宾教育

在以政教合一为特点的殖民体系中，西班牙殖民者主要通过宗教进行文化传播。

当第一批西班牙殖民者到达菲律宾群岛时，他们发现，当地的居民已经有了很高的识字率，知道如何使用一种由 17 个符号组成的名为贝贝因的字母表来读写。当地已经存在的教育不是正式教育，主要侧重于传授实践知识，且有崇拜巴萨拉（当地信奉的一种神）的习俗。西班牙殖民者引入的正规教育主要通过天主教为首的各种宗教教会来进行。教会学校中主要使用的是西班牙语，同时也会教授拉丁语。菲律宾现存最古老，也是亚洲现存的最古老的大学，圣托马斯大学，由道明会在 1611 年创办。

西班牙殖民者在菲律宾建立的教育体系包括初等教育、中等教育和高等教育三个部分。在初等教育领域，第一个到达菲律宾群岛的宗教团体奥古斯丁会于 1565 年在今菲律宾第二大城市宿务所在地区建立了第一所教区小学，成为菲律宾小学初等教育的源头。随后，其他教派的传教士们也先后创办了许多学校。这些学校由传教士担任教师，主要教授天主教教义和西班牙语、西班牙文化，而学校的学生也主要是菲律宾的贵族子弟和在当地出生的西班牙人后裔。在传教士们的不断努力和宗教文化的不断渗透下，天主教等宗教被越来越多的菲律宾当地人所接受，本土传教士的人数也越来越多。在中等教育领域，耶稣会于 1589 年建立了第一所学院，只招收男生；同年，第一所女子学院圣博腾西亚纳学院也开始招生。后来，宗教团体还建立了修道院学校和神学院等中等教育学校。[1] 这些学校教授的内容各不相同，但都包括了关于宗教义理的内容。在高等教育领域，由教会创办的一部分男子学院逐渐发展成了大学，如耶稣会在 1595 年创办的圣埃纳雷斯学院后来发展成为圣卡洛斯大学。学校的授课内容包括西班牙语、拉丁语、神学、哲学、物理、数学等，教学目的主要是为了培养具有统治能力的人才和信奉宗教的神职人员，因此，高等院校的学位授予权掌握在罗马教皇的手中。

这一时期，教育大权掌握在教会的手中，教育的目的也是为了宗教。

---

[1] 施雪琴. 菲律宾天主教研究：天主教在菲律宾的殖民扩张与文化调试：1565—1898 [M]. 厦门：厦门大学出版社，2007：86.

从初等教育到高等教育，宗教神学一直是主要的授课内容，宗教团体在建立学校时有一个共同的目标：培养优秀的教徒和守法的西班牙臣民。在1863年之前，没有任何法律规定保障菲律宾大众受教育的权利，能够接受教育的只有菲律宾的贵族以及在当地的西班牙后裔。此外，教会主导的小学通常不分级，缺乏统一的监督、管理、教学方法和课程体系，传教士也常常无视来自西班牙的皇家法令。总体而言，教会主导的教育发展缓慢，教育质量也无法得到保障。

（三）1863年菲律宾教育改革

为了更好地维护殖民统治以及适应经济发展的需要，1863年12月20日，西班牙伊莎贝拉女王颁布了《教育令》，旨在建立政府管理下的公立初等教育体系。[1] 该法令的主要内容包括：设立公立小学，为每个城镇的男孩和女孩提供免费的初级教育；学校受到教区牧师，各省省长和总督的三级监督；设立师范院校，培训教师；规定统一的课程标准。《教育令》颁布后，菲律宾还成立了初等教育最高委员会来监督公立学校系统的设立。

在法令颁布之后，菲律宾的公立初等教育得到了迅速发展。公立小学的不断设立使得入学人数不断增加，有资料统计，从1839年至1898年的60年间，菲律宾的小学学校数量和学校人数增长了千倍。[2] 到19世纪末，菲律宾的适龄儿童初等教育入学率、入学人数占人口的比例均保持在高位。教育的目的也更加世俗化，课程包括非宗教课程，如数学、历史、地理、哲学和心理学等。而师范院校的建立使得师资力量也有保障。由于受到各种外部条件的限制，该法令在实施过程中也遇到了一定的问题。最主要的

---

[1] ERIN P. Hardacker. The impact of Spain's 1863 educational decree on the spread of Philippine public schools and language acquisition [J]. European education, 2012(4): 14.

[2] 冯增俊，卢晓中. 战后东盟教育研究 [M]. 南昌：江西教育出版社，1996：277.

表现就是教育质量并不尽如人意。数据显示，1872年，菲律宾有近12.5万名登记在册的公立小学学生，但其中只有30%的学生能够使用西班牙语阅读，48%的男孩和60%的女孩既不会读西班牙语也不会写西班牙语，而只有不到1%的人能够说西班牙语。[1] 其次，初等教育还存在着男女儿童接受教育的机会不平等、教育的地区发展不平衡等问题。

虽然在1863年教育改革之后，教育内容开始逐渐世俗化，但教会仍然把持着教育大权，中等教育和高等教育仍然掌握在教会手中。在这个过程中，有一些有识之士的思想受到启发，并在之后成为菲律宾民族运动的领导者。例如，菲律宾"国父"黎刹，在圣托马斯大学求学期间，就发表了一系列文章揭露了殖民者对菲律宾人的压榨，唤起了大众的民族意识。而伴随着西班牙的衰落，殖民者所发展的教育也逐渐走向衰落。

二、美国殖民统治时期

美国对菲律宾实行的殖民统治分为两个时间段。1898年，美国向西班牙宣战。美西战争期间，菲律宾革命人士将实现菲律宾独立解放的期望寄托在美国身上。这一期望在美国获得战争胜利后立刻破灭，美国在从西班牙手中获得菲律宾统治权后就设立了临时的统治机构——军政府，并立刻开始镇压菲律宾的民族独立革命。军政府一方面牢牢把握地方的政治经济大权，另一方面采用武力对抗菲律宾革命人士、采取语言蛊惑政策承诺给予菲律宾自治权。1901年4月，菲律宾革命的领导人阿吉纳尔多被俘，随后他发布《致菲律宾民众书》宣誓效忠美国，号召菲律宾人民放下武器，接受美国统治。美国国会也通过一项法案，将美国在菲律宾的统治由军政

---

[1] ERIN P. Hardacker. The impact of Spain's 1863 educational decree on the spread of Philippine public schools and language acquisition [J]. European education, 2012(4): 19.

府转换为文治政府。同年 7 月，文治政府在马尼拉举行就职典礼。至此，美国最终确立了对菲律宾的殖民统治地位。

1942 年 5 月至 1945 年 7 月，菲律宾大部分领土被日本侵占。在此期间，日本一直强制推行日语教学，日语逐渐取代了英语成为学校的必修课。为了进行文化殖民，日本还派遣大量人文学者到菲律宾传播日本文化，企图建立所谓"大东亚共荣圈"，在思想上俘虏菲律宾人。此外，日本殖民者还建立了"教科书检查委员会"，检查历史书中的内容，删除其中的英美国家人物。在日本侵略期间，菲律宾各级学校的入学人数锐减，除了战争频发，父母们不愿让孩子接受日本殖民者主导下的教育也是一个重要原因。1945 年 8 月 15 日，日本宣布无条件投降，菲律宾再次沦为美国的殖民地。1946 年 7 月 4 日，菲律宾宣布独立。

（一）美国殖民统治下的菲律宾社会

文治政府开始正常运行之后不久，美国国会通过了菲律宾的首个组织法《菲律宾法案》，以立法的形式确立了美国在菲律宾的殖民体系，并为菲律宾确立了与美国类似的三权分立相关政治制度。

1935 年 5 月，菲律宾实施了全民公决；11 月，菲律宾自治政府成立，由国民民主党领导人奎松担任总统，奥斯敏纳担任副总统，政府中的其他职位也多由菲律宾人担任。相比于文治政府时期，虽然自治政府已经推出了一些有利于菲律宾本国的政策，但这一时期的菲律宾仍然处于美国的殖民统治之下。

在经济方面，美国将菲律宾变成自己的资本积累场所、廉价代工厂及出口贸易市场，从而保证美国在菲律宾经济市场上的垄断地位。总体而言，美国对菲律宾的经济掠夺是通过投资和贸易的手段达成的。

在文化方面，美国政府在潜移默化中对菲律宾进行文化殖民。最突出的表现就是规定在公立学校使用英语进行教学,要求所有学校中都必须配备英语教师,在下一代人的思想中播种美国文化,向青少年传播美国的主流价值观和社会文化,大量输入美国和其他西方国家的文化。英语教学的课程在小学课程中分量最重,超过一半的学校学习时间被用于学习英语;如果教师在校园中使用非英语进行交谈,会受到处分。由于当时菲律宾本地缺乏合格的英语教师,美国政府还聘任了大量美国教师前往菲律宾任教;同时选派优秀青年学生公派赴美留学,选拔出的留学生由政府承担所有在美费用,条件是完成学业后需要回到菲律宾。除此以外,在社会上,英语也属于各种正式场合的官方用语。美式风格的建筑、美国电影及美国乐曲等各种带着典型美国印记的事物在菲律宾风靡一时。美国在菲律宾推行的相关政策一方面使众多菲律宾人在不知不觉中接受甚至崇拜美国文化,另一方面英语的推行也在一定程度上扩展了菲律宾与世界的交流。

在宗教方面,文治政府时期,美国政府在菲律宾实施"政教分离"政策。宗教的义理不再是必修内容,学校的教育内容更偏向世俗化;教师也不被允许发表与宗教有关的言论,更不能干涉学生的宗教信仰。西班牙传教士的地位也被美国教会传教士取代,原来的西班牙传教人士甚至向美国教会投诚。

(二)菲律宾现代教育制度的建立

1900年,时任美国总统麦金莱任命法官威廉·塔夫特为第二届"菲律宾委员会"主席。该委员会具有在菲律宾的立法权。1901年1月22日,以塔夫特为首的菲律宾委员会通过了《1901年教育法》,又称74号法令,这是美国殖民侵略菲律宾之后的第一部教育基本法。该法令批准设立公立教育部,将教会和学校分开;建设一所师范学校、一所技艺学校和一所农业学校；将从美国聘请1 000名教师来到菲律宾授课，并且将英语作为所有公立学校的教学语言。

　　74号法令颁布后，菲律宾的公立教育体系开始飞速发展。初等教育方面，政府建设公立小学，提供免费教育，学校还会为学生免费发放铅笔纸张等学习用品。[1] 1907年，政府规定初等教育为七年学制，包括前四年的初小和后三年的高小。中等教育方面，1902年，《菲律宾中等教育法》得以颁布。该教育法规定开设更多中学，包括普通中学和职业中学。1903年，相关法律进一步规定每个省份都必须至少设立一所省立中等学校。1904年开设了马尼拉商科学校，1907年建立了吕宋农业学校。高等教育方面，1908年在马尼拉开始建立菲律宾大学，1917年以后，有关部门还相继建立了八所地区性师范学校。至此，菲律宾基本形成了政府主导下由小学至大学的公立教育体系，对菲律宾的教育发展产生了深远影响。菲律宾教育局在1936年出版的《教育督导报告》中指出，1906年，整个菲律宾群岛只有3 342所初等学校，在学人数仅365 530人；1935年，当菲律宾进入自治政府时期后，初等学校达到37 766所，在学人数增加到1 173 587人。[2]

　　74号法令除了促进公立教育的发展外，也涉及私立教育。该法令第25项条款中提及允许建立教会性质的和世俗性质的私立学校。虽然该法令中没有条款对私立校进行规范管理，但政府设立了私立学校监督局以确保教学质量。1906年3月1日，菲律宾政府通过了1459号法令，又称"公司法"，开始对私立学校进行监管，如该法授权五人及以上的个人组成法人开办私立学校，但必须符合公共教育部的有关规定；允许设立营利性和非营利性的私立学校法人。1917年3月10日，菲律宾通过了2706号法令，后又通过3075号法令进行补充和修正，规定：公共教育部必须监督一切私立

---

[1] 蒋晓婉. 美国殖民时期的菲律宾教育研究 [D]. 贵阳：贵州师范大学，2020：23.

[2] Philippine Department of Education. 36th annual report of the superintendent of education, 1935 [R]. Manila: Philippine Department of education, 1936: 12.

学校；私人或私人团体建设学校必修向公共教育部申请办学许可，在获准办学一年后还要接受核查；合格的课程由公共教育部部长颁发证书。但是，在实际执行的过程中，未获得政府认可的私立学校仍然能够继续办学。1925年菲律宾教育调查委员会在《门罗报告》中指出，未得到政府认可的学校数量实际上多于获认可的学校数量，但具体的数字不得而知。

1935年，菲律宾自治政府成立后颁布了第一部宪法。宪法规定，政府将建立和维持完备的公立教育系统，为国民提供免费的公立初等小学教育；提供成人公民培训；一切教育机构应在国家监督和管理之下。[1] 1936年11月13日，菲律宾又通过了联邦180号法令，规定各级各类私立学校都要在公共教育部的监督、视察和调控之下；任何私立学校的建立都要首先取得教育部长的允许。宪法中还规定必须采取步骤，发展并采用以现有土语之一为基础的一种共用语。根据宪法的这一规定，菲律宾国民会议通过了自治政府184号法令，成立了"国语研究所"，对菲律宾各种语言和方言进行了研究，并建议把菲律宾北部地区方言他加禄语作为国家语言的基础。1937年12月30日，菲律宾总统奎松发布行政令，宣布他加禄语为菲律宾国语的基础。1939年，政府宣布英语仍然是教学语言，但小学英语教师允许使用本地语言作为教学辅助语言。这一指令被认为是菲律宾双语教育的开端。随后，1940年4月12日颁布的一项行政命令规定全国所有公立和私立中学开始教授国语，这也是菲律宾本地的民族语言首次成为教学科目。

三、独立后至今

1946年7月4日，菲律宾宣布独立。根据历任总统不同的执政导向，大

---

[1] DALMACIO M. A century of education in the Philippines, 1861—1961 [M]. Manila: Philippine Historical Association, 1980: 229.

致可以将菲律宾独立之后的历史时期分为三个阶段：1946—1965 年，1965—1986 年，1986 年之后。[1]

（一）总统频繁更替的 1946—1965 年

从 1946 年建国初期至 1965 年间，菲律宾历任数位总统。政权的频繁更替也导致菲律宾社会动荡。在这一时期，历任总统对待美国的态度从亲美逐渐转变为倡导菲律宾优先的民族主义，这在教育政策中也有所体现。

1936 年，为了进一步普及教育，自治政府颁布 586 号法令将小学学制由此前的七年缩短为六年。[2] 1953 年，菲律宾政府颁布共和国法第 896 号法令恢复小学七年学制。[3] 此外，该法还详细制定了各年级的教学科目与时间，如小学一至四年级的每日课程安排包括课前操练、综合活动、语言与拼写、阅读与语音、品德教育、音乐与写字、算数、菲律宾语、手工和体育；五年级和六年级还增加了工业技艺与家政课程。

1953 年，菲律宾学校督学委员会批准通过了一项"普通中学课程 2-2 计划"改革方案。[4] 该方案将中学学制分为两段，每段各两年。其中第一阶段为共同课程阶段，学生学习相同的课程；第二阶段将课程分为学术性和职业性两类，选择学术类课程的学生将会升入高等学校，而选择职业性课程的学生将进入职业学校。学校还设立了相应的指导方案，综合分析学生的成绩及其他信息后提供给学生及家长，以帮助学生选择更适合自己的方向。然而由于缺少教育经费，"2-2 计划"并未完全实施，有约一半的学校并没有实现学术性课程与职业性课程的分流。教育经费的短缺也使得菲律宾中

---

[1] 刘洁. 独立后菲律宾教育发展研究 [D]. 贵阳：贵州师范大学，2014: 12.
[2] 蒋晓婉. 美国殖民时期的菲律宾教育研究 [D]. 贵阳：贵州师范大学，2020: 37.
[3] 冯增俊. 东盟五国教育实践的基本经验与亚太教育现代化的主要特征 [J]. 比较教育研究，1996（2）：25-30.
[4] 张国才. 菲律宾中学课程改革的历史回顾 [J]. 比较教育研究，1997（1）：34-36.

等公立学校的发展受到极大的限制，约有三分之一的学校并没有获得政府的拨款。因此，很长时间内公立中学都是菲律宾教育系统中最薄弱的一环。

1954年6月，菲律宾国会通过立法，成立"全国教育委员会"负责制定和实施全国范围内的教育方针和政策。[1] 协会有15名成员，主席由教育部部长担任。[2] 1955年12月，全国教育委员会制定了各级教育的教育目标及全国教育基本目标。全国教育基本目标共有五项，分别为：教诲道德与精神价值；培养文明爱国、有用正直的公民；养成勤劳俭朴的习惯，使个人做好准备为经济发展和国家自然资源的保护做出贡献；维护家庭和睦，改革社区生活，永久保存本国遗产有用的东西，维护社会和平；发展科学、艺术与文学以丰富生活，体现人的真实价值。全国教育委员会还主导了本国语言及国语的教学与普及。该委员会提出，应当在小学一、二年级使用菲律宾国语进行教学，同时也应当继续学习英语；三年级则使用英语作为教学语言；本地方言在四年级前作为辅助教学用语，四年级后使用菲律宾国语作为辅助用语。这一决策促进了菲律宾语的普及。

总体上看，独立后菲律宾的基础教育和高等教育都取得了一定的进展；二战前，菲律宾的公立中学数量极少，独立后十年，公立中学数量大幅增长，学生人数增加了近一倍。1945—1946学年，公立中学共有105所，学生101 467人；1954—1955学年，公立中学数量增加至286所，学生增至183 693人。[3] 在学校数量增加的同时，为了保证教育质量，菲律宾教育部也出台了一系列政策，如规定在中等教育学校开办之初，只批准办一、二年级；以及教师至少要拥有教育理学士学位（职业教育科目教师除外）。

在独立之前，菲律宾高等教育阶段的公立学校数量很少，只有菲律宾大学、菲律宾师范学校及几所职业学校；独立后，菲律宾十分重视公立高

---

[1] 冯增俊，卢晓中. 战后东盟教育研究 [M]. 南昌：江西教育出版社，1996：286.
[2] 二战后原公共教育部改为教育部。
[3] 资料来源于菲律宾国立大学经济学院网站。

等院校的建设。美国殖民统治时期，菲律宾公立高等院校分为"特许"的院校和受教育部管辖的院校两种类别，前者又被称为"国立学院或大学"，菲律宾大学就属于这一类别，其经费由国会直接拨给，学校内部实行自治管理。菲律宾独立后，这两类高校都获得了很大发展。一些公立中学也在国家独立后升格为学院，如菲律宾商校升格为国立商学院、三描礼士农村中学升格为国立吕宋初级农学院。此外，也有一些新建的大学，如棉兰老国立大学。总体而言，受到社会经济发展等方面的制约，菲律宾独立初期的公立高等教育学校的发展还是较为缓慢的。

（二）马科斯总统执政的 1965—1986 年

1965 年 12 月，费迪南德·马科斯当选新一任菲律宾总统，至此开始了他长达 20 年的执政生涯。他在执政初期打击贪污腐败，整顿经济秩序，振兴国内生产，并实行了土地改革政策，取得了一定的成就。马科斯总统于 1972 年 9 月签署"军事戒严令"，宣布在全国实行军管，开始了长达 10 年的军事管制。军管时期的菲律宾国家发展陷入了困境，国内民族情绪高涨，抗议示威不断，持续的通货膨胀和高失业率也使得国内贫富差距不断扩大。

马科斯执政时期的教育政策也进行了大规模的改革。1970 年 12 月菲律宾教育调查总统委员会发布了名为《为国家发展的教育——新模式，新方向》的报告，全面分析了菲律宾的教育状况，提出了新的改革建议。该报告主要涉及以下几项：指出菲律宾的教育发展存在着严重的不平衡问题，如人民的期望与教育水准之间不平衡、教育机构的分布与地区发展需要之间不平衡、国家的教育投资与经济投资之间不平衡等；提出教育目的是以维持菲律宾的自由民主社会为前提的，教育目的可以转化为对国家发展做出贡献的教育的具体目标；提出重新划分教育体系，如小学教育应当是义务教育，普通中学教育分为五年，前三年不分流，至第四年开始分为职业教育与学术性教育；中等教育之上建立专门的技术院校培养中级技术人员；通过定期检查等方式加强高等教育的管理。但由于外界种种条件的限制，该报告中所提及的建议并未被全部采纳。

1972年，马科斯总统批准了《1972年教育发展令》，这一法令随后成为70年代菲律宾教育发展改革的纲领。[1] 该发展令中提出了一系列的教育目标，如帮助每一个人获得必要的教育；发展高水平专业，为国家提供领导人才；通过评价系统有效对不断变化的需求与情况做出反应。为了实现上述教育目标，发展令中也提出了为期十年的六项改革措施计划：改革课程以提高学校质量；通过学校鉴定机制提高学术标准；通过提供助学金、向校外青年提供技术训练、向文盲青年提供继续教育等方式达到教育机会的民主化；改革高等教育结构；扩大现有课程计划，设立新的专业，培养中级技术人才和农业人才；改革教育财政，公立中小学经费负担转移至地方财政，中央财政负责高等教育经费。

1973年颁布了新宪法。新宪法规定所有学校必须把宪法列为学校课程的一部分；所有学校必须进行热爱祖国和公民义务教育，培养道德品质和个人纪律。

军事管制期间，政府部门进行了一系列改组，其中教育部改称教育文化部，并分设"小学教育局""中学教育局"和"高等教育局"三个部门及一个"非正规教育办公室"；1984年，教育文化部进一步扩大了职能，改称教育文化体育部（后来又多次更名，现称教育部）。

（三）1986年后

1986年2月25日，科拉松·阿基诺夫人成为菲律宾历史上第一位女总统。

---

[1] 刘洁. 独立后菲律宾教育发展研究 [D]. 贵阳：贵州师范大学，2014：40.

1987年，菲律宾通过了新宪法并在全国范围内举行了新的省市长选举。1987年宪法对人才的培养提出了新的要求：要培养能承担建设正义的、人道的、独立自主和民主的国家的一代新人。教育系统同时进行德育方面的改革。1989年菲律宾颁布了国家职员有关行为准则和道德标准，也在一定程度上推动了学校的价值观教育。

1987年宪法进一步发展了免费教育的观念，且第一次将小学教育规定为义务教育：国家应建立和维持小学和中学阶段的免费公立教育，在不限制父母养育自己孩子的自然权利的情况下，小学教育对一切学龄儿童是义务的（这一表述中的"在不限制父母养育自己孩子的自然权利的情况下"是考虑到菲律宾各地区发展不平衡的实际情况，在山区或仍存在社会动乱的地区，父母可能由于各种原因无法送子女接受学校教育）。

宪法颁布后的1989—1990学年，据统计菲律宾全国共有34 061所小学，其中公立小学32 449所，私立小学1 612所，[1] 但全国小学的师生比是1∶33，总体师资不够；此外，1990—1991学年小学入学率虽为97.78%，但在学保持率为69.35%，约有31%的小学生未能毕业，小学生的退学率居高不下。[2] 相对较低的在学保持率与社会的动荡和地区之间的发展不平衡有关，即使初等教育是免费的，也有一部分适龄儿童无法完成小学学业。

1988年5月17日，菲律宾通过了第6655号共和国法案，又称《1988年免费公立中等教育法》。该法规定为国民提供免费的公立中等教育，即在免收学杂费的同时，军训、图书馆等其他校园相关活动的费用也一并免除。新法令实施后，菲律宾国内的中等学校又进行了一定的调整，调整后的中等学校分为普通中学和职业技术中学，公立中学的经费管理和课程计划将直接由教育文化体育部负责。

在大力发展公立中等教育的同时，菲律宾政府也在同时发展私立中等

---

[1] 冯增俊，卢晓中. 战后东盟教育研究 [M]. 南昌：江西教育出版社，1996：338.
[2] 冯增俊，卢晓中. 战后东盟教育研究 [M]. 南昌：江西教育出版社，1996：341.

教育。1989年6月7日，菲律宾国会通过第6728号共和国法案，即《政府资助私立教育中的学生与教师法》。这是菲律宾第一部资助私立教育的专门法律，法令中规定政府要向私立中等学校、职业技术学校和高等院校中的学生和教师的资助，受资助的学生对象主要是家庭贫困的学生。

在立法保障公立中等教育的同时，这一阶段的中等教育主要面临的问题仍然是经费不足，受到经济发展的限制，教育经费也时常呈现短缺状态。至1988年，公立中学的经费已经基本转移至由省、市政府负责，而地方政府遇到财政困难时就提高学费以维持学校的运转。经费的短缺还造成了师资力量的短缺，菲律宾教育文化体育部按照每班45名学生配备一名老师的标准计算，1991—1992年度还缺少32 209名教师，仅首都地区就缺少4 390名。[1] 缺乏师资也带来了教学质量不高的后果，相比之下私立中学的教学质量高于公立中学，因此，许多有志于今后继续接受高等教育的学生，往往会选择在私立学校就读。

与中等教育类似，菲律宾的高等教育机构中，私立高校在数量上也占据优势，并在培养人才的过程中承担重要的角色。菲律宾民众普遍认为，教育作为一种社会事业理应由国家负责，因此政府应当资助私立学校。1987—1988年度，菲律宾全国有高校1 606所，其中公立高校428所，私立高校1 178所；1986—1987年度，菲律宾的私立高校在校生为130万人，占公、私立高校在校生总数的79%。[2] 相比之下，私立学校高昂的学费令许多菲律宾普通学生望而却步，而为了招生，私立高等学校在降低学费的同时压缩办学成本，致使教学质量下降。为了缓和这一矛盾，菲律宾在1989年通过的第6728号共和国法案中设立了"私立学校学生资助计划"，向大一新生提供部分或全额奖学金以减轻其学业负担，同时还向学生提供贷款。此外，该法令还在教育文化体育部内设立了高校教师发展基金，资助高校教

---

[1] 冯增俊，卢晓中. 战后东盟教育研究 [M]. 南昌：江西教育出版社，1996：343.

[2] 冯增俊，卢晓中. 战后东盟教育研究 [M]. 南昌：江西教育出版社，1996：326.

师进一步深造。根据联合国教科文组织的统计，1983年菲律宾接受高等教育的人口比例在世界各国中排名第九，领先于世界上大多数国家。20世纪80年代末，菲律宾已经有约120万大学生。

相比于体系庞大的本科教育，菲律宾当时的研究生教育却较为薄弱。相对而言，硕士研究生中理科方面的课程较少，这与菲律宾当时国内的工业体系几乎不进行产品研发、政府科研机构职位也较少有关。高校开设的研究生课程多属于教育学科，而自然科学、工业、农业及其他人文学科的研究生课程很少，全国高校中只有菲律宾大学设立了比较全面的工程硕士课程。

从独立之后至今，菲律宾积极发展各级教育，取得了一定的成就。免费公立初等教育和中等教育以及推广英语和菲律宾语并存的教育制度等极大推进了教育的发展与普及，国民受教育程度在发展中国家中位于前列。但受到社会经济及政治方面的影响，教育在发展的过程中也遇到了经费不足、师资缺乏等问题，最终导致了教学质量不尽如人意。

第二节 教育人物

一、何塞·黎刹

何塞·黎刹（1861—1896），菲律宾历史上著名的民族英雄、作家、医生、哲学家、革命家以及教育改革的倡导者，对菲律宾乃至整个东南亚地区的文化、政治和教育领域都产生了深远的影响。[1] 黎刹出生于菲律宾马

---

[1] 资料来源于世界名人传记大全网站。

尼拉一个富裕的华裔菲律宾家庭。黎刹早年就读于马尼拉的圣托马斯大学，学习医学和哲学。毕业后，他赴欧洲深造，在巴黎大学攻读眼科医学，并获得博士学位。在欧洲的学习和生活经历让黎刹深刻认识到菲律宾社会的种种弊端，也激发了他为国家和民族寻求变革的决心。[1]

回国后，黎刹投身菲律宾的教育事业。他的教育理念和成就主要体现在以下几个方面。

首先是倡导教育普及与平等。黎刹深信教育是国家进步和民族发展的基石。他主张教育应该普及到每一个菲律宾人，无论他们的社会地位、性别或种族如何。他认为，通过教育，菲律宾人可以摆脱愚昧和无知，培养自己的独立思考能力和创新精神，从而为国家的发展做出贡献。为了推动教育的普及和平等，黎刹积极参与菲律宾的教育改革运动。他倡导建立一个符合菲律宾实际需要的课程体系，让教育内容更加贴近学生的生活和社会现实。同时，他还呼吁政府加大对教育的投入，提高教师的待遇和地位，以吸引更多优秀人才投身教育事业。

其次是强调批判性思维的培养。黎刹认为，教育不仅仅是传授知识的过程，更重要的是培养学生的批判性思维能力。他主张在教育过程中注重学生的独立思考和判断力培养，让他们学会对所学知识进行批判性分析和评价，只有这样，学生才能成为具有创新精神和独立思考能力的现代人。为了实现这一目标，黎刹在自己的教学实践中积极推广启发式教学方法，鼓励学生主动参与课堂讨论和思考。他还撰写了大量关于教育的论文和著作，阐述了自己的教育理念和方法，为菲律宾的教育事业提供了宝贵的思想财富。

最后是推动教育改革与发展。黎刹通过撰写文章、发表演讲、组织讲座和研讨会等方式，积极宣传自己的教育理念和方法，推动菲律宾的教育

---

[1] 资料来源于THOUGHTCO网站。

改革和发展。在他的努力下,菲律宾的教育体系逐渐得到了改善和发展:政府开始加大对教育的投入和支持力度,学校的教育质量也得到了显著提高;越来越多的菲律宾人开始意识到教育的重要性,并积极参与到教育改革和发展中来。

二、克拉罗·M.雷克托

克拉罗·M.雷克托(1890—1960)是菲律宾历史上一位杰出的政治家和教育家,以其对菲律宾语言和文化的深厚情感以及对教育事业的卓越贡献而著称。他的一生,不仅见证了菲律宾社会的变迁,更在菲律宾的教育史上留下了浓墨重彩的一笔。[1]

雷克托出生于菲律宾的一个普通家庭。青年时期的雷克托深受菲律宾独立运动的影响,他积极参与各种爱国活动,为菲律宾的独立事业贡献了自己的力量。同时,他也深刻认识到教育对于国家独立和民族振兴的重要性。因此,他立志投身于教育事业,为菲律宾的教育事业贡献自己的力量。他积极推动菲律宾教育改革,倡导使用菲律宾语作为教学语言来弘扬菲律宾文化和民族精神。雷克托深信教育是传承和弘扬民族文化与价值观的重要途径,因此他在教育过程中注重培养学生的民族自豪感和认同感,让他们了解和热爱自己的国家和文化。他积极推动菲律宾文化和历史的研究和传承工作,让更多的人了解和认识菲律宾的悠久历史和灿烂文化。同时,他也倡导尊重和包容不同文化和价值观,推动多元文化的和谐共生与发展。[2] 他的这些主张在当时引起了广泛的关注和讨论,也为菲律宾的教育事业带来了深远的影响。除了在教育领域的贡献外,雷克托还在政治领域取

---

[1] 资料来源于大英百科全书在线网站。
[2] 资料来源于ESQUIREMAG网站。

得了卓越的成就。他曾任菲律宾参议院议长，为菲律宾的政治稳定和经济发展做出了重要贡献。

三、露德丝·昆萨炳

露德丝·昆萨炳（1949—2017），是菲律宾当代最杰出的教育家和科学倡导者之一。昆萨炳是米里亚姆学院荣休教授，曾担任过的职务包括菲律宾教育文化体育部部长、联合国教科文组织亚太国际教育与价值教育联合会创始会长和终身荣誉会长等。她的一生充满了对教育事业的热爱和追求，她的努力和贡献不仅为菲律宾的教育事业带来了深刻的变革，也为菲律宾的社会进步和经济发展注入了强大的动力。

昆萨炳是菲律宾科学教育的坚定倡导者。她认为科学教育是培养创新精神和科技人才的关键，对于国家的经济发展和社会进步具有重要意义。因此，她积极推动科学教育的普及和发展，努力将科学知识和实验技能传授给更多的学生。她不仅在课堂上注重科学实验的演示和讲解，还鼓励学生参与科研项目和实践活动，培养他们的科研能力和创新精神。在她的努力下，菲律宾的科学教育水平得到了显著提升，越来越多的学生开始关注和热爱科学。

同时，昆萨炳也深信教育公平是社会进步的重要基石。她认为，无论他们的家庭背景、性别或种族如何，每个人都应该享有平等的教育机会和资源。因此，她积极推动教育公平政策的制定和实施，努力缩小城乡、贫富之间的教育差距。她关注弱势群体的教育问题，并努力为他们提供更多的教育机会和资源。她曾多次发起和组织各种教育援助项目，为贫困地区的孩子们提供书籍、教学设备和师资支持。她的努力不仅改善了当地的教育环境，也激发了更多人对教育事业的关注和支持。

昆萨炳还是菲律宾教育改革和创新的引领者之一。她关注国际教育趋势和先进教育理念，并积极引进和借鉴这些理念和方法。她推动菲律宾教育体系的改革和创新，引入新的教学方法和评估体系，提高教育质量。她倡导启发式教学方法和自主学习模式，鼓励学生主动参与课堂讨论和思考，培养他们的独立思考能力和创新精神。同时，她也关注教师的培养和发展问题，提高教师的待遇和地位，吸引更多优秀人才投身教育事业。[1]

---

[1] 资料来源于菲律宾圣卡洛斯大学网站。

第四章 学前教育

菲律宾的学前教育在国家的教育体系中占据着重要的位置,它为儿童提供了早期的学习和发展机会。2012年1月,菲律宾政府颁布了《学前班教育法》,从2013年开始实施的K-12计划也强调了加强早期幼儿教育的重要性。这些都证明了学前教育在整个教育体系中的地位。

第一节 学前教育的发展和现状

一、学前教育的发展历程

自1924年首都马尼拉第一所幼儿园成立至今,菲律宾的学前教育始终处于缓慢发展的状态,未能实现全面普及。菲律宾的历史发展、地域特点、人口分布、经济状况等多方面的现实条件决定了其学前教育的普及程度与质量水平均处于较低状态,但是菲律宾人始终相信,学前教育是消除贫困、实现经济稳定、使人民享有良好和优质生活的重要途径。

菲律宾学前教育主要由两个机构管理:负责幼儿园(0—4岁幼儿)的幼儿保育与发展委员会和负责学前班(5岁幼儿)的菲律宾教育部。

为了更好地保证儿童权利，菲律宾政府通过了多部法律法规。2000年，菲律宾政府通过了《早期儿童保育和发展法》以保障儿童的生存和发展。该法是菲律宾儿童保育与教育的政策工作框架，它的基本元素是共享治理，即在全国、省、市和地方各级建立机制，主要为0—6岁儿童及其家庭提供的保健、营养、教育、社会保护/社会福利等综合服务，包括以机构为基础的项目（如日托服务、幼儿园、学前班和工作场所的基础服务）和以家庭为基础的项目（如父母教育、游戏小组、家访和家庭日托）。

2012年1月20日，菲律宾制定并出台一项重点立法——《学前班教育法》，使学前班教育具有了免费和强制性的特点。该法明确规定学前班教育的目标、地位：旨在通过采取强制和义务的手段，为全国所有5岁幼儿提供一个公平的机会，以促进其在身体、社会、情感、技能以及价值观等方面获得良好的发展。该法还指出，教育是促进幼儿获得发展的最佳途径，因为5岁是幼儿大脑学习和吸收能力的最强时期，所以合适的幼儿园教育对幼儿学习和技能发展尤为重要；国家应制定合理的政策，以幼儿为导向，基于他们的不同需求与差异，采用合适的方式进行教育；要求将学前班教育经费写入年度拨款法中，以增强其法律效应，从而保证学前班教育经费落实到位。这项法案的通过拉动了幼儿教育入学率的提升：学前班的净入学率从2010年的55%上升到2015年的75%，小学完成率从2005年的70%上升到2015年的83%。[1] 这些变化使菲律宾最贫穷的家庭受益。2008年，最贫困的20%人口的学前班总入学率为33%，到2013年，这一比率上升到了63%。[2]

为了指导各地推行《学前班教育法》，菲律宾政府还颁布了《普及学前

---

[1] BLOEM J, WYDICK B. All I really need to know I learned in kindergarten? Evidence from the Philippines [J]. Economic development and cultural change, 2019, 7(2): 21-23.

[2] BLOEM J, WYDICK B. All I really need to know I learned in kindergarten? Evidence from the Philippines [J]. Economic development and cultural change, 2019, 7(2): 21-23.

班教育计划的实施政策与指南》和《学前班教育法实施细则》。这两个具体指导意见制定了多套学前班教育方案，分别为正规方案、志愿者方案、暑期方案以及特殊幼儿教育方案，每套方案都有其特定的招收对象，有效保障了学前班教育的公平[1]；为有特殊背景的儿童专门制定教育方案，即穆斯林方案、原住民方案、特殊困境儿童追赶方案，从而满足儿童群体的多样化学习需要。

在宏观管理方面，教育部将负责学前班教育的组织、运作和实施；微观管理方面，则由教育部下初等教育局所属的学前班司负责。教育部和学前班司将共同承担以下职责：监督教育计划的组织、运作和实施；制定统一、规范的课程框架；基于多元语言教学法，制定合适的教学策略；为教师提供持续的专业发展计划；制定教师任职和认证标准，以规范教师的准入；增加教师的数量，并提供必要的资金和福利；对各类教育机构的建立进行认证，并加强监督和管理；提供充足的教室、桌椅、教材、设施设备等。

菲律宾的学前教育机构主要包括公立和私立两大类。公立学校通常由政府资助，而私立学校则需要家长支付学费。这些学校提供从全日制到半日制的不同类型的课程，以满足不同家庭的需求。[2] 提供学前教育的机构分为公立小学和私立小学，且私立机构必须获得菲律宾教育部的批准。菲律宾的学前班教育课程分为普通学前班课程和补习班课程两类。前者为5岁及以上的儿童提供为期10个月的学习方案，使他们为上一年级做好准备[3]；后者为学习有困难的5岁及以上儿童，或由于慢性病、城市安置、灾害等因素无法完成普通学前班课程而设置的补习干预课程。私立幼儿园除了托儿所之外，一般采用2年制，包括幼一（K1）和幼二（K2）。菲律宾有相当数

---

[1] 胡恒波. 菲律宾学前教育立法的举措与启示 [J]. 教育导刊（下半月），2013（10）：87-90.

[2] ANCHETA R F, ANCHETA H. The new normal in education: a challenge to the private basic education institutions in the Philippines? [J]. International journal of educational management and development studies, 2020, 1(1): 1-19.

[3] VARGAS-TRINIDAD A F C. DepEd issuances and the K to 12 program [M]. Quezon: University of the Philippines Law Center, 2016: 5.

量的学前教育机构,这些机构遍布全国各地,可以为广泛的儿童群体提供服务。

2012年,菲律宾颁布了《关于学前班教师聘用和配置的附加财政政策指南》,规范幼儿教师准入标准。该指南规定申请人必须获得规定的学位之一,或者具备规定的资格。规定的学位包括幼儿教育学学士,学前教育专业理学士,家庭生活与儿童发展专业理学士,学前教育或儿童早期教育专业的小学教育学士,主修早期教育的小学教育学士;规定的资格包括:主修特殊教育的小学教育学士并有18个"教育学分评估"(Educational Credit Evaluation, ECE)的学分;中等教育学士并获得包括幼儿园教育实践教学在内的ECE额外文凭;修习过其他相关课程并至少有18个单元是关于幼教/儿童发展的,包括日托中心的课程。在满足以上条件的同时,该申请人的年龄不得超过45岁,且持有LET/PBET执照(Licensure Exam for Teachers/Professional Board Examination for Teachers),才能获得学前班教师资格。在申请人获得教师资格证后,政府还协同教师教育学院等机构,为教师提供持续的专业培训。

在人员部署方面,学前班教师应首先部署在有大量五岁儿童的现有学前班的公立小学中,拟调配的教师必须在教育局合格申请人登记册的名单中,参考部署准则进行公平分配。在学前班教师短缺的情况下,可以任命其他年级的合格教师。在接受任命后,该教师应逐年获得幼教课程学分;在第一年结束时,应获得9个幼教学分;第二年,18个学分;第三年,21个学分。培训可以是由初等教育局协调的机构培训,或由各分部办公室或地方政府单位指定的机构进行。在其他年级班级出现教师短缺的情况下,只要不影响学前班班级的规定活动时间,校领导可以指派学前班教师去管理任何其他年级的班级。

在监督体系方面,政府要求各地区在遵守《关于学前班教师聘用和配置的附加财政指南》的前提下,对新聘用的学前班教师进行监督,并将照片提交给教育部中央办公室规划处研究与统计处，同时抄送给初等教育局。[1]

二、学前教育的现状

菲律宾的学前教育资源在地理分布上不太均衡，都市地区拥有较多的学前教育机构，而乡村地区则普遍缺乏。自2010年起，随着国家政策向贫困地区和乡村地区倾斜，乡村学前教育条件得到了逐步改善。

（一）托儿所和幼儿园

菲律宾的学前教育体系由多种机构组成，包括教育部管理的托儿所、保育室和幼儿园，以及社会福利与发展部管理的日托中心。这些机构构成了一个全国性的幼儿保育和发展网络，旨在满足不同儿童和家庭的多样化需求。

公立幼儿园和托儿所通常得到国家或地方政府的支持，提供免费教育。虽然学费全免，但在某些情况下，家长可能需要捐款以支持学校设备或用品的费用。私立幼儿园和托儿所则通常自给自足，家长需支付较高学费。

日托中心或儿童看护中心主要服务于职业女性，帮助照顾有需要的家庭的婴儿。这些中心可能是私人拥有和管理，也可能是公共或慈善资助。私人日托中心的学费用于支付职工工资和教学资源，而公共和慈善资助的中心则根据家长的支付能力收费。例如，1935年由全国妇女俱乐部联合会赞助的日托中心，通常设在低收入社区，每天提供两小时的指导和监督，以支持忙碌工作家长的需求。社会福利与发展部负责制定标准并对日托中

---

[1] 资料来源于菲律宾教育部网站。

心进行认证,确保服务质量。

早教项目是以儿童为中心、以游戏为基础的项目,旨在为0—4岁的儿童提供早期启发和学习机会,根据儿童的发展需求和兴趣,促进儿童的全面发展,并涵盖发展迟缓和残疾的儿童,以及来自原住民群体的儿童。[1] 国家早期学习课程由幼儿保育与发展委员会开发,基于共性、个性和环境三要素,包含以下七个组成部分:信念、原则和目标;标准和能力;学习环境;课程内容和策略;教师;评估;家庭、学校和社区伙伴关系。其中,在课程的内容方面,国家早期学习课程主题包括多个主题,如介绍你自己、我的家庭和我、我的社区等。

婴儿-幼儿早期发展项目旨在为0—2岁的儿童提供服务。在此项目中,儿童发展教师与儿童发展工作者携手,依托婴儿与幼儿最亲近且深谙其成长需求的父母与照顾者,共同设计并实施学习体验。这一合作模式为孩子们构筑了一个安全无忧的基石,鼓励他们自由探索、积极学习,并在不断发现中茁壮成长。[2]

幼儿园一年级项目专为3岁至3岁11个月大的幼儿精心打造,通过一系列精心策划的课程,引领孩子们沉浸在寓教于乐的游戏、探索与学习体验之中,全面覆盖并促进多个关键发展领域,紧密围绕每位儿童的个性化发展需求与兴趣点,规划、执行并评估每日活动,确保项目内容的高度适切性与发展导向性,为每位注册儿童量身定制成长蓝图。[3]

幼儿园二年级项目专为4岁至4岁11个月大的儿童设计,旨在为儿童奠定坚实基础,助力他们掌握关键技能与能力,确保平稳过渡到幼儿园阶段。课程安排灵活适应每位儿童的独特发展轨迹与兴趣所在,通过固定而富有变化的日常活动,融合丰富的游戏化学习经验,不仅激发孩子的求知

---

[1] 文献来源于菲律宾幼儿保育和发展委员会官网。
[2] 文献来源于菲律宾幼儿保育和发展委员会官网。
[3] 文献来源于菲律宾幼儿保育和发展委员会官网。

欲，更着重培养独立自主的个性品质。[1]

（二）学前班

1. 课程内容

菲律宾的学前班课程标准颁布于 2012 年，并在 2013 年进行了修订。修订后的课程标准是建立在建构主义、整合性、主题性、合作性、探究性和反思性教学的基础上，以游戏为方法基础，注重培养幼儿生活所需的技能，帮助儿童为接下来的学习与生活做好准备。菲律宾的学前教育课程主要包括七大发展领域及其发展目标（见表 4.1），公立与私立学前班均需遵守。

表 4.1 菲律宾学前教育课程的七大发展领域及其发展目标

发展领域	发展目标
社会—情感发展	培养儿童的情感技能，建立与自己相关的基本概念，学会在特定环境下与他人建立友好的联系，学会展示自己的社会身份意识，欣赏学校、社区以及他人间的文化多样性。
价值观塑造	儿童能够展示出积极的态度和自我概念，尊重关心自己和他人，在各种场合表现良好，表达出对国家和同胞等的爱。
身体健康与运动	培养儿童精细动作技能和大肌肉运动技能，让他们从事有益身心健康的运动；引导儿童了解好的健康习惯，培养他们对健康、安全重要性的认识。
审美或创造性发展	使儿童能够通过绘画、手工活动发展其审美和创造力。
数学发展	促进儿童理解并掌握知识，培养儿童的思维能力和对数学模式、数字、长度、质量等的观察力；帮助儿童通过动手活动，观察数学领域中的相互联系，并能通过运用实物或材料在日常生活中灵活理解、运用数学。

---

[1] 资料来源于菲律宾幼儿保育和发展委员会官网。

续表

发展领域	具体目标
对自然环境的理解	使儿童能够基本理解生物与非生物等概念，并将其用于对环境中的实物进行分类；通过他们的探索、观察以及联系日常经历获得基本技能，并保持对周围环境的好奇心。
语言、读写能力与交流	培养儿童使用母语、发展第一语言的交际能力，对阅读、写作形成更积极的态度，并把自己视为语言的有效使用者和学习者。

学前课程的五大主题主要以生物生态学理论定义儿童生活环境的各个层次（由近及远）（见图 4.1）。其中，"我"指帮助学习者作为一个客观个体得到发展；"我的家庭"指引导孩子了解关于成长的概念、看法和实践，对自己和对家人负责并感到自豪；"我的学校"指帮助儿童了解如何成为一个个体并与同学、老师以及学校的其他成员进行社交；"我的社区"指理解社

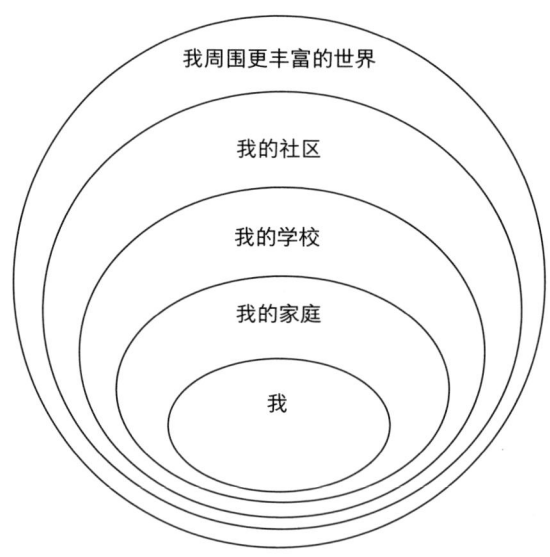

图 4.1 学前班课程的五大主题[1]

---

[1] 资料来源于菲律宾教育部官网。

区，成为社区的成员；"我周围更丰富的世界"指上述四个主题以外的概念、实践和情况，和其他社团、文化和学习者的兴趣有关。

2．课程特点

菲律宾教育部通过K-12项目后，将学前班纳入强制性的基础教育范畴，这为制定新的幼儿园课程框架铺平了道路。《学前班教育法》强调国家政策要求教育以学习者为导向，并以适当的教学语言对学习者的需要、认知和文化能力、环境和多样性做出反应。[1]

《学前班教育法》与K-12同步实施。在K-12项目实施之前，教育系统很大程度上忽视了教育的多样性特点。因此，K-12颁布之后，课程的重点强调"整体发展""以结果为基础的方法"，课程以包容性、成长和发展、教学和学习为基础。K-12项目强调技能和能力相关的非认知维度，如社会领域等，虽然评估具有一定难度，但菲律宾社会非常重视且通过教育来培养。

在课程形式方面，主要以游戏活动为主。每项活动都是有针对性的培养幼儿的认知和生活能力，同时注重教育公平、促进个体发展取向、民主化的课程决策的特点。采用以母语为基础的多元语言模式进行教学，并要求教育部尽快制定以母语为基础的多元语言教学框架。

（三）幼小教育的衔接

菲律宾教育部开始实施K-12基础教育改革，调整基础教育目标的制定、教育结构的组成、各级教育及课程的改革、评价制度的构建和保障机制的完善等，其中特别重视学前教育的发展。K-12中K指1年学前教育，

---

[1] BERCASIO R R O. Effectiveness of laddered preschool education program in preparing preschool teachers [J]. Bicol University R & D journal, 2020, 23(2): 23-35.

即 5 岁幼儿必须接受 1 年学前教育才能进入小学学习，将学前教育纳入小学教育系统，成为免费义务教育的第一阶段，具有一定强制性。[1]

K-12 的学科课程包括语言、数学等，并注重学生应对危机的意识与能力、气候适应力、通信技术等多方面能力；课程内容逐渐融入菲律宾当地的文化、历史、社会等现实内容，并根据学生发展进行适时调整。幼小教育的衔接更加注重生活教育的渗透，注重提高幼儿生活能力，为幼儿学习、生活做准备。首先，活动内容主题涉及幼儿、家庭、学校、社区的教育生态系统。其次，活动语言多以母语为主，同时融合其他多种语言进行。最后，活动形式以游戏为主，同时包含听说故事、小组讨论、肢体表达等。[2]

菲律宾学前教育评估是以幼儿为评估主体。评价内容包括 21 世纪所必备的研究性、分析性、实践性、创新性等认知因素及价值观、学习动机、学习态度、行为特征、人际交流等非认知因素。评价维度主要包括课堂评价、学习成果评定和国家评价。为了确保教师教学和幼儿学习的标准化，菲律宾教育部还将评价标准分成四个层面，包括实质性知识内容、认知操作过程、知识理解力以及知识的运用能力，所占比重分别为 15%、25%、30%、30%。通过学习成果评定，可以帮助教师了解幼儿真实的能力水平，有效地进行教学。在幼儿自学前教育向一年级过渡时，教育部会进行入学评价测验，帮助幼儿做好入学准备。[3]

参与学习结果评价的组织和机构十分广泛，如政府、地方组织、学校、师生及一些基础教育协会组织和基金会。其中，政府主要从问责的角度对评价进行倡导，有时也给予资金支持相关研究；地方组织主要负责相关标准的制定、实施与管理，并提出有针对性的建议；一些基金会则积极地进

---

[1] 邓敏，邵小佩. 菲律宾和马来西亚学前教育政策的比较及对我国的启示 [J]. 早期教育，2021，5（21）：12-17.

[2] AQUINO L N, MAMAT N, MUSTAFA M C. Comparing the kindergarten curriculum framework of the Philippines and Malaysia [J]. Southeast Asia early childhood journal, 2017, 6: 27-40.

[3] 张小二. 菲律宾 K-12 基础教育课程改革背景下学生学习结果评价研究 [D]. 长春：东北师范大学，2015：17.

行评价方法的研究、开发、各校评价状况的调查以及实践经验的推广等，协助提高评价的有效性。

学习结果的评价方法灵活而多样。目前，在各学校运用得较多的评价方法有：问卷法、调查法、访谈法、个案法等，由于各级各类学校的教育教学目标、培养目标、学校环境等情况的不同，各个学校在学生学习结果评价的方法上有很大的灵活性。[1]

第二节 学前教育的挑战和对策

第10157号共和国法于2012年1月20日颁布。该法宣布：为了2015年实现全民教育的千年发展目标，国家为所有儿童提供平等可获得强制性和义务性学前教育的机会……为他们正规的小学教育做好充分的准备。[2] 随着该法案的颁布，菲律宾的学前教育不仅是整个教育体系中的必经阶段，具有强制性，还被纳入了基础教育体系之中，国家予以义务保障。国际上，越来越多的国家将学前教育视为改善基础教育的关键。通过K-12计划，菲律宾从国际实践中借鉴这种模式，将学前教育融入了教育体系中。

一、学前教育面临的挑战

（一）国家投入不足，财政支持有限

菲律宾是一个发展中国家，综合实力较弱。儿童面临的挑战涉及健康

---

[1] 张小二. 菲律宾K-12基础教育课程改革背景下学生学习结果评价研究 [D]. 长春：东北师范大学，2015：10.
[2] OKABE M. Where does Philippine education go?: The "K to 12" program and reform of Philippine basic education [J]. IDE Discussion Paper, 2013(425): 12.

需求、营养不良、学前教育有限、缺乏适当的心理和社会照顾、保护不足以及气候变化等，这些对儿童生存和发展构成威胁。由于对政府支出的严格限制，菲律宾学前教育设施的扩张一直滞后。在低收入发展中国家，对儿童投资不足一个普遍存在的问题。[1]尤其对穷人来说，他们往往是在短期劳动的成果和未来教育的不确定成果之间进行艰难选择。实际上，他们缺乏从教育中获益的判断和期望。[2]

（二）质量仍需提高，评价跟进迟缓

2008年，菲律宾20%最贫困人口中总入园率为33%；2013年，这一比率上升到63%。[3]虽然入园人数激增，但在质量方面差距仍然存在。菲律宾学前班课程计划面临的问题包括：课程指南中包含的活动过多；课程框架中缺乏和平教育部分；大多数学校不符合综合政策规定的标准，如房间大小、建筑位置、班级规模、房间里的家具等；教学材料不足；操场设施不足。

教育理念方面，东亚文化倾向于将教师视为专家，通常采取以成人为主或说教的教育方式而不是由学生主导，较少提供反思、探索或深入思考的探究性问题。另外，优秀教师匮乏、教学资源和奖励补偿不足等，不利于在职教师学习、修正教学理念和方法，他们经常会认为"改革等同于更多的工作"。

在评价可量化基础上，幼儿的不可衡量的非认知技能也必须得到发展。

---

[1] MANUEL M F, GREGORIO E B. Legal frameworks for early childhood governance in the Philippines [J]. International journal of child care and education policy, 2011, 5(1): 65-76.

[2] BLOEM J, WYDICK B. All I really need to know I learned in kindergarten? evidence from the Philippines [J]. Economic development and cultural change, 2019, 7(2): 21-23.

[3] World Bank Group. Assessing basic education service delivery in the Philippines: the Philippines public education expenditure tracking and quantitative service delivery study [R]. World Bank Group, 2016: xxi.

K-12计划提到了与学生的技能和能力相关的非认知维度，但却没有提供如何发展这些技能和能力的实际方式。尽管难以衡量，但诸如相互理解社会和文化差异、表达自己的能力或应对风险的意愿等整体方面对菲律宾社会很重要，必须通过教育来培养。

（三）文化多样现状，难以满足平衡

菲律宾的民族和语言具有多样性，教育系统难以统计人口的社会和地方需求。教学策略往往受到多语言、种族、文化信仰、价值观、宗教观等。因素持续影响，所以在完成统计之前，这些因素之间仍存在矛盾。[1]

二、学前教育的应对措施

（一）扩大教育机会，促进教育公平

虽然目前公立学校都已免费，但对于贫困家庭而言，教育支出仍占据家庭收入的一定比例并给其造成一定负担。为了解决普及学龄前教育的社会经济障碍，菲律宾政府探索扩大对有针对性的贫困家庭的儿童的教育资助，发放津贴补助[2]。此外，政府大力支持私人办学，不仅为私立学校提供长期低息贷款，还免征其财产税。[3]

---

[1] PARDUE T J. Child-directed learning in varying contexts: an examination of preschools in the Philippines [D]. MSU graduate theses. 2020: 3581.

[2] Philippines Department of Social Welfare and Development and the World Bank. Philippine conditional cash transfer program: impact evaluation [R]. The World Bank, 2013: 31.

[3] 孙建光. 菲律宾社区教育初探——基于在卡布尧希望日托中心的访谈 [J]. 世界教育信息, 2015, 28（18）: 34-36+41.

（二）提高教育质量，促进持续发展

在提高入学率的同时，菲律宾教育部完善其教育质量，为当今的信息化社会培养核心人才。菲律宾的"可持续发展目标"中制定的目标为：2030年，确保所有女孩和男孩获得有质量的保健和教育，为接受小学教育做准备，并不断以法律制度的形式进行保障推进。同时，通过积极构建合理的绩效评价指标体系，为教师专业发展提供资金支持，从而有效带动课堂管理和教育发展。[1]

（三）尊重文化多元，缩小教育差距

教师教育项目正在通过形成战略伙伴关系和实施支持多元文化主义的政策来解决这些问题。努力满足菲律宾土著、族裔社区的需要，使教育更多地适应不同的环境和背景。其中，兼具包容性和多元文化教育的一个重要举措是采用基于母语的多语言教育，以促进当地文化知识。[2] 公立学校的教师尽力在将教学材料翻译成学生的第一语言和以母语或多语言环境进行教学。因此，提供母语教育资源和相关的教师培训，并与社区、地方政府单位和私营部门建立战略伙伴关系，对于提高这些政策的成功至关重要。[3]

---

[1] 孟世悦. 追求卓越，实现公平——菲律宾发展研究院 [J]. 外国中小学教育，2017（9）：77-80.

[2] OGENA E B, RUSCOE R B, SORIANO P R, et al. Transforming Philippine teacher education for our children of tomorrow [M]//Png, J. Changing the world for the children of tomorrow: ASEAN teacher education. Bandung: Universitas Pendidikan Indonesia Press, 2020: 60-72.

[3] LARTEC J, BELISARIO A M, BENDANILLO J P, et al. Strategies and problems encountered by teachers in implementing mother tongue-based instruction in a multilingual classroom [J]. The IAFOR journal of language learning, 2014, 1(1): 1-16.

第五章 基础教育

自20世纪初以来，菲律宾的基础教育经历了从殖民时期到现代化国家的转变，其教育体系逐渐形成并不断调整以适应社会和经济的需求。近年来，菲律宾政府高度重视基础教育的改革与发展，特别是实施了K-12计划，这标志着菲律宾基础教育体制的一次重大变革。通过不断的改革和创新，菲律宾旨在为所有国民提供高质量的基础教育，以促进国家的可持续发展和社会的全面进步。

第一节 基础教育的发展和现状

一、基础教育的发展历程

（一）殖民时期的基础教育

菲律宾曾被不同国家殖民过，不同时期的菲律宾教育发展历程及其目标有所不同。在西班牙殖民时期，殖民者侧重于教化菲律宾人皈依基督教，但没有实施大规模推行对当地人教授西班牙语的政策，因为他们担心菲律宾人学会西班牙语会起义推翻他们的统治。在美国殖民时期，菲律宾的教育系统经历了一次彻底的改革，不仅重建了学校，而且英语还成为授课语言。菲律宾人在学习英语的同时，也接受了美国的价值观，通过对美国文化的学习建立起对美国的忠诚，使美国实现了其"善意同化"的目标。

1898年军政府成立时，菲律宾的基础教育还没有形成体系，主要是靠美军士兵作为士兵教师向菲律宾儿童传授知识。来自美军的士兵是当时基础教育主要的教师队伍，因此其教学内容大多都是浅层的英语课和体育锻炼，例如美式橄榄球，其教学方式也是以游戏为主。1901年文治政府建立后颁布了第74号法令。第74号法令主要包括四个方面：在菲律宾成立教育管理部门，负责监督和管理菲律宾所有公立学校；实施免费的初等教育；实行世俗化教育，宗教与教育分离；引进一批美国教师并移植美国初等教育模式。在该法令的指导下，菲律宾的免费初等教育逐步发展起来。[1]

尽管菲律宾经历过短暂的日本殖民，但由于美国意识形态的长期渗透，菲律宾的教育体系与发展目标仍然是美式的。雷纳托·康斯坦丁诺曾指出，美国通过向菲律宾学生传授美国人的文化、理想和生活方式，把自己描绘成将菲律宾人从西班牙殖民者手中拯救出来的英雄，成功地捕获了菲律宾人民的"心灵和思想"。[2]

（二）独立后的基础教育

1935年菲律宾联邦时期宪法首次强调要提供至少是免费的公立小学教育。尽管菲律宾在1946年获得了独立，也开始重视教育发展与改革，但直至1973年菲律宾政府才在宪法中对菲律宾教育做出了进一步要求：免费教育已在公立小学中实现，要将范围扩大到中学阶段；在经济条件许可的地

---

[1] 蒋晓婉. 美国殖民时期的菲律宾教育研究 [D]. 贵阳：贵州师范大学，2021.

[2] CONSTANTINO R. The mis-education of the Filipino [J]. Journal of contemporary Asia, 1970, 1(1), 20-36.

区建立并维护免费的公立教育系统，培养中等水平的熟练劳动力。

值得注意的是，1935年和1973年的宪法仅提及了实现"免费教育"的目标，但均未提及实现"义务教育"。直至1987年宪法颁布，菲律宾才第一次将小学教育阶段规定为义务教育。1987年宪法规定，国家应当"在小学和中学阶段，建立和维持免费的公立教育系统。同时，在不限制父母育儿的自然权利下，对一切学龄儿童来说，小学教育是义务的"。[1]

根据1987年宪法关于提供免费公立中等教育精神，菲律宾国会于1988年5月17日通过第6655号共和国法案，阿基诺总统于5月26日批准该法，该法也被称为1988年免费公立中等教育法。根据该法，"免费的公立中等教育"是指中央政府和各级地方政府（省市、镇乡）所办的公立普通中学和职业、技术中等学校的中等教育的课程免收学杂费，其中免收的杂费包括医疗、体育运动、图书馆、实验室和军训方面的费用。为了有效地实行这一新制度，对公立中学的管理和经费支持全部转归教育文化体育部直接负责。从此，原先由地方政府主办管理的公立中学全部"国立化"，教职员工的薪金也一律由中央政府负责支付。从1901年开始推行免费公立初等教育，到1988年实行免费公立中等教育，走过了漫长的87年。免费公立中等教育制度实行的第一年，公立中学的学生数量就增加了约20万。

菲律宾独立之后颁布的两部宪法（1973和1987年宪法）均规定"教会与国家分离，不得违犯"。但是，各界人士普遍认为虽然"政教分离"原则禁止政府资助教会及其宗教活动，但对教会办的学校中符合国家发展目标的教育项目，政府可以给予资助。自20世纪70年代起，菲律宾颁布了一系列资助私立学校的教育法规，包括1972年教育发展令和1982年教育法。1987年宪法的有关条款和第6728号共和国法，确立了国家资助私立学校教育的国策。特别是后者，它是菲律宾教育立法史上第一部资助私立教

---

[1] 张国才. 80年代末以来菲律宾教育改革概述[J]. 南洋问题研究，1996（1）：45-50.

育的专门法律，具有重大的历史意义。该法涉及对私立的中等学校、职业技术和高等院校中的学生和教师的资助以及对私立中等学校教科书费用的资助。

进入 21 世纪以后，在国际性全民教育运动的影响下，菲律宾政府于 2006 年推出《2015 年全民教育行动计划》。该计划旨在促进每个菲律宾公民全面发展的同时推动整个社会和经济的进步。但是 2009—2010 学年的数据表示，菲律宾六年级学生的国家学业成就测试通过率仅为 69.21%，八年级的通过率仅为 46.38%。[1] 由于基础教育面临着年限短、课程拥挤、学生负担重以及教育质量低下等诸多问题，难以培养出国家发展所需人才，该计划以失败告终。

为提升基础教育质量，2013 年 5 月菲律宾总统签署《2013 年强化基础教育法》，正式拉开"K-12 计划"改革的序幕。K-12 计划的主要目的是提高菲律宾的基础教育质量，帮助学生毕业后能够顺利进入工作岗位或者继续学习深造。通过延长基础教育年限，为学生提供足够的时间来掌握基本的概念和技能，从而将学生培养成终身学习者，为高等教育提供合格的生源。此次改革也是菲律宾为了适应全球化进程，结合本国情况对其他国家教育结构的一种借鉴，是菲律宾政府进行基础教育改革的一项重大决策。

改革后的菲律宾的教育目标侧重于培养学生的实用素养，提高学习者学习所需的基本技能。希望通过提供广泛的通识教育，帮助社会中的每一个人实现他们的潜力，并提高个人和群体的能力水平；帮助个人实现社会参与的基本职能，获得必要的教育基础，使其发展成为有生产力和多才多艺的公民；培养国家发展所需的中等技能人才；发展领导国家、通过研究促进知识进步、应用新知识提高人类生活质量的高级专业；通过教育规划和评价系统有效地响应不断变化的社会需求。

---

[1] 王彦丽，蔡敏. 菲律宾强化基础教育法探析 [J]. 世界教育信息，2014，27（7）：47-52.

二、基础教育的现状

菲律宾政府一直以来采取正规教育系统和非正规教育系统两种系统相结合的方式来实施基础教育，以最大限度地利用人力资源，实现国家发展的目标。正规教育系统按照层级结构设置，实行学年制，有着良好的组织和计划安排，是从学前班到中等教育后的学位体系。非正规教育，是指正规的学术教育机构之外的教育、学习或技能的培训等，主要是为了帮助那些由于经济、社会等因素，无法进入正规教育机构接受教育的校外青年和成年人而设置的，旨在提高他们的识字率并获取谋生技能所需的教育内容和形式。本章主要关注菲律宾正规基础教育，非正规教育等将在第七章"职业教育"和第八章"成人教育"中具体研究和讨论。

（一）基础教育阶段的划分

菲律宾的基础教育共分为十三年，包括1年学前班、6年初等教育与6年中等教育，其中初等教育为6年小学，中等教育包括4年初中、2年高中。基础教育由正规教育中的公立学校和私立学校开展。公立学校是由政府财政拨款，学生免费就读的学校，大多数菲律宾儿童就读于公立学校；私立学校不是由政府出资，但课程方案基本遵循公立学校的统一课程，菲律宾最初的私立学校多数为基督教学校，因此很多遵循以宗教信仰为基础的学习体系。

（二）学校数量及分布情况

菲律宾基础教育阶段的学校数量近年来不断增加，但区域分布不均，且随着学校数量的不断增加这种分布差异进一步拉大。例如，2015—2019

年，小学学校数量呈现较小幅度变化，从 49 630 所增长至 51 348 所，其中私立小学增加了 1 345 所，而公立小学仅增加了 373 所。2016—2019 年，初中学校的数量呈现匀速增长，从 14 463 所增至 15 080 所，其中公立初中增加了 557 所，而私立初中增加了 60 所。虽然高中学校数量基数小于小学、初中的数量，但是增幅较大，在三年时间里增加了 1 260 所，其中公立高中增加 849 所，私立高中增加 411 所。

在 2015 年，位于吕宋岛上的甲拉巴松大区和菲律宾南部卡拉加大区间小学学校的数量相差 3 405 所，四年后差距进一步加大到 3 529 所。在 2019 年，甲拉巴松大区的初中和高中学校的数量分别比卡拉加大区多 1 545 所和 921 所，区域间差距十分显著。[1]

（三）公立学校教师数量

随着学校数量的增加，公立小学、初中的教师也随之不断增加。例如 2000—2018 年，小学和初中分别增加了 152 579 名和 158 682 名教师，其中 2012—2013 和 2014—2015 这两年间教师数量增幅最大，主要是受到上面提到的基础教育改革的影响。高中的教师数量从改革后的 2016 年开始有数据，增幅较大，两年时间里增加了 18 368 名。

在 2013—2018 年，小学师生比不断下降，但是地区之间差距较大，如东米沙鄢大区的师生比是 1∶22，而卡拉巴松大区是 1∶30。与小学师生比情况相比，中学教师数量相对没有那么紧张，但中学的入学人数相对小学也有大幅减少。2013—2018 年，菲律宾各地区公立中学的师生比例不断优化并且整体均值逐步稳定，稳定在 1∶26 左右。根据 2018 年数据显示，各地区之间的差异逐步较小。与小学和中学的师生比变化趋势有所不

---

[1] 资料来源于菲律宾教育部官网。

同，2012年高中师生比是1∶20，但随着高中学生的人数增加，师生比逐年降低。[1]

（四）学生入学情况

2015—2016年，中学入学人数有较大幅度的增长，增加了189 730名，其中公立中学增加172 808名，私立中学增加16 922名，由此也可以看出实行K-12改革后，推广普及义务教育的成效。

从横向不同学段来看，小学、初中公立学校的人数都远超私立学校人数，但是公立高中和私立高中招生人数上相差相对较小，并且小学阶段的入学人数是最多的。在实施K-12改革前的25年，中学的入学人数都不及小学入学人数的1/2，从2015年开始，这种差距在逐渐缩小，这也说明之前普及的10年义务教育，普及效果并不尽如人意。值得注意的是，在小学阶段男生人数要略多于女生，到了中学，男女人数是比较均衡的，但是在职业教育，就读的女生人数要大于男生人数。[2]

2016—2018年，适龄儿童的小学入学率均在90%以上，但是入学率呈现下降的趋势，男女儿童的入学率都出现下降。从地区上来看，地区之间的入学率差异不断在变化，仅有三个大区维持入学率基本不变或是有所增长，分别是吕宋岛中部、三宝颜半岛和棉兰老岛北部。与小学入学率相比，中学的入学率较低。但在2016—2018年，中学的入学率呈现持续增长的趋势，而且女生中学入学率始终要高于男生，在2018年女生的中学入学率更是达到了90%以上。而且地区之间的差异正在缩小，三宝颜半岛大区的中学入学率在2016年是最低的，与入学率最高的洛科斯地区相差22.67%，而

---

[1] 资料来源于菲律宾教育部官网。

[2] 资料来源于菲律宾教育部官网。

在 2018 年相差 16.35%。[1]

在 K-12 改革开始之初，菲律宾高中的入学率只有 37%，但是每年的入学率较上年都有所增长。在 2018 年，高中的入学率已经达到 50% 以上，而且女生高中入学率始终高于男生的高中入学率，随着改革的深入，这一差距有进一步拉大的趋势。相对于小学和中学的入学率，高中入学率的地区差异更加明显，在 2016 年最高的达 51%，但最低的只有 23%，连其一半都不能达到。但是在 2018 年，这一差距明显有所改善。

（五）课程设置

菲律宾在 2019 年发布了《K-12 基础教育计划政策指南》，该指南将基础教育分为四个关键阶段，分别是 K（学前 1 年）至小学三年级、小学四至六年级、初中七至十年级、高中十一至十二年级。

菲律宾小学教育的主要目标是：获得科学、公民、文化、历史、地理、数学、艺术和生计教育的基本知识、态度、习惯和技能，并将其灵活地应用于适当的生活情境。虽然强调的目标是掌握技能，但菲律宾的目标倾向于内容驱动。在学科时间分配上，菲律宾在英语、科学、数学、社会学等学科上的时间分配较多，在菲律宾语以及音乐、艺术、体育与健康上花费的时间较少。

一至三年级课程是学生们最初接触到能够在不同时间段学习不同领域内容的阶段，具体学习课程与时间分配见表 5.1。

---

[1] 资料来源于菲律宾教育部官网。

表 5.1 一至三年级课程时间分配 [1]

学习领域	时间分配			
	每日时长 / 分			
	一年级		二年级	三年级
	第一学期	第二学期		
母语	50	50	50	50
菲律宾语	30	30	50	50
英语	—	30	50	50
科学	—	—	—	50
数学	50	50	50	50
社会学	40	40	40	40
音乐、艺术、体育与健康	40	40	40	40
人格发展	30	30	30	30
总学时	240	270	310	360

四至六年级课程设置的目标主要是让学生将已经学到的识字和算术应用到不同的领域；进一步加强学生的识字和计算能力，为初中学习做准备；让学生运用高级思维能力调整、应对不同的状况；进一步培养有效参加社区和国家建设活动的知识、技能和态度。具体课程与时间分配见表 5.2。

表 5.2 四至六年级中学课程设置

学习领域	时间分配
	每日时长 / 分
菲律宾语	50

---

[1] 表格 5.1—5.6 的资料均来源于菲律宾教育部官网。

续表

学习领域	时间分配
	每日时长/分
英语	50
科学	50
数学	50
社会学	40
家庭经济教育/技术与生计教育	50
音乐、艺术、体育与健康	40
人格发展	30
总学时	360

初中阶段的课程目标旨在让学生有机会掌握更加复杂的基本概念，让学生在应用所学知识、技能和价值观方面养成更高的独立性。

中学课程的重点是发展功能性识字能力，让所有人具备实用素养，培养21世纪社交所需的技能，使其具有全球竞争力。在时间分配上，菲律宾的母语教学时间长，为4年；在英语教学上的时间也比较长，也为4年；在科学、数学、社会学、技术与生计教育上的时间较长，但限制在4年以内；在音乐、艺术、体育与健康这几个课程上的时间分配较少。

菲律宾的初中阶段又分为两个阶段：七至八年级为探索阶段（Exploratory TLE），九至十年级为专业阶段（Specialized TLE）。学生在七年级和八年级进行探索，随后每个级别最多可选修4门TLE（Technology and Livelihood Education，TLE）小课程，所有TLE课程共有5项基本能力。学生可以在九年级获得合格证书，在十年级获得一级或二级的国家证书。具体课程与时间分配见表5.3。

表 5.3 七至十年级初中课程设置

学习领域	时间分配
	每周时长/分
英语	240
数学	240
菲律宾语	240
科学	240
社会学	180
人格发展	120
音乐、艺术、体育与健康	240
技术与生计教育	240
年级大教室指导计划	60
特殊课程计划	240
备注：每周 120 分钟独立学习或合作学习	

高中两年制教育是菲律宾 K-12 基础教育的新特点。改革后的高中阶段（十一至十二年级）的专业轨道给学生进入高等教育发展高阶技能提供了优势。为了对社会做出贡献，人们需要掌握专业技能以满足工作的期望和要求。在基础教育阶段，专业课程延长年限可以让学生探索适合自己的学习领域，如寻求职业的信息，寻求学校项目的信息，确定职业的选择，努力实现职业目标，确定个人在职业选择中最看重的是什么；确定职业选择是符合个人的兴趣和个性。这样学生可以为上大学和学院所做更充分的准备。创建多个课程意味着减小班级规模，防止学生和教师因为较短的教学周期而感到倦怠，增加学生学习的机会，也许还可以为在专业领域教学的教师提供其他的工资福利。

高中的核心课程包含以下学习领域：语言、人文、数学、哲学、科学、社会科学、体育与健康（见表 5.4）。学生在高中阶段要对以后感兴趣的发展方向进行选择，有以下四个发展路径，分别是学术、技术职业、体育运动、艺术设计。即高中学生除学习相同的核心科目以外，还要选择以上四种发展途径之一的课程科目进行学习。每种发展途径有配套的应用科目和专业科目：应用科目是为了培养学生高中阶段所需的基本能力，如英语沟通能力、研究技能和信息技术应用能力等，教学内容和方法根据每个领域的特定需求进行定制（见表 5.5）；专业科目则是初中技术与生计教育专业化课程的进一步深化学习，每种发展途径涉及的课程较多，旨在满足不同学生的学习需求，如"技术职业"领域包括农业渔业技术、家政学、信息与通信技术、工业艺术（其中信息与通信技术的课程见表 5.6）。

表 5.4 高中课程设置

学习领域	课程科目	每学期时长/小时
语言	口语交际	80
	读写	80
	语言文化传播与研究	80
	研究文献阅读与分析	80
人文	21 世纪世界文学与菲律宾文学	80
	当代菲律宾艺术	80
数学	普通数学	80
	概率与统计	80
科学	地球与生命科学	80
	物理科学	80
社会科学	个人发展	80
	文化、政治和社会理解	80
哲学	人文哲学导论	80

续表

学习领域	课程科目	每学期时长 / 小时
体育与健康	第一学期：健身运动	20
	第二学期：个人、双人和团体运动	20
	第三学期：菲律宾舞蹈	20
	第四学期：休闲运动	20

表 5.5 高中应用科目及时间分配

科目	每学期时长 / 小时	先修课程
学术和专业英语	80	
实践研究 1	80	
实践研究 2	80	概率与统计
特定领域（学术、技术职业、体育运动、艺术设计）的菲律宾语	80	
该学习链的赋能技术	80	
创业	80	
探究、调查与沉浸	80	

表 5.6 高中专业科目中信息与通信技术科目及时间分配

科目	学习时长 / 小时	先修课程
动画（NC Ⅱ）	320	
宽带安装（NC Ⅱ）	160	电脑技术服务（NC Ⅱ）
计算机编程（网络技术）（NC Ⅲ）	320	
计算机编程（Java）（NC Ⅲ）	320	
计算机编程（Oracle 数据库）（NC Ⅲ）	320	
计算机系统服务（NC Ⅱ）	640	

续表

科目	学习时长/小时	先修课程
联络中心服务（NC Ⅱ）	320	
插图（NC Ⅱ）	320	
医学转录（NC Ⅱ）	320	
技术制图（NC Ⅱ）	320	
外设电信和用户线路安装（NC Ⅱ）	320	电脑技术服务（NC Ⅱ）
外设电信安装（光纤电缆）（NC Ⅱ）	160	电脑技术服务（NC Ⅱ）

注：NC Ⅱ：国家等级 2；NC Ⅲ：国家等级 3

（六）评估与考核

评价在教学过程中起着重要的作用。评估结果为教师提供信息，以确定他们在教学中需要改进的领域，并为未能达到标准的学生提供更好的补救措施。在菲律宾的教育课程中，评估被分为三个方面：课堂评估、国家考试和大规模的学生成绩调查。

菲律宾的课堂评估主要是为了给学生打分和给学校排名。教师需要通过对有待改进的地方（形成性评价）提供描述性反馈来进一步帮助学生学习，而不仅仅是评分。教师还会让学生参加考试并打分，但不会给详细的反馈。菲律宾还有的全国性考试，笔试采用多项选择题的形式。在菲律宾，教育部负责管理这个考试，以确定进入一年级的学生的准备情况。国家成绩测试分别三、六和十年级进行。此外，还有一项针对公立学校四年级学生的阅读能力的诊断测试，称为"菲律宾非正式阅读清单"。国家职业评估考试也适用于十年级的学生，目的是根据他们适合的领域和兴趣来决定高中学生的职业选择。

第二节 基础教育的特点和经验

一、基础教育的特点

（一）课程的程序化

当前基础教育的突出的特点是程序化的课程模型，旧课程中主要是"通过设计理解、确定期望的结果、确定可接受的证据、规划教学"，忽视了知识之间的相互联系以及学习者自身的吸收情况。[1] 程序化课程可以使学生更容易接受所学内容，潜移默化地掌握应用知识，明确职业追求。课程突出四大特点分别是：以学习者为中心、包容和研究为基础；以标准和能力为基础，注重衔接，消除阻塞；具有包容性、文化响应性和文化敏感性、整合性和语境化；全面围绕教学目标开展，基于ICT并且具备灵活性、全球性。

（二）系统的一体化

一体化课程体系强调从学前教育一直到高中教育，是一套能够更好、更完整地分配学习任务的体系，一线贯穿始终，学生有更充足的时间学习基础知识，并且每个阶段的任务划分十分明确，循序渐进地推进，以帮助学生找到自己适合的发展路径。而且学科课程不仅包括语言和数学等，还注重培养学生的危机意识、通信能力等，课程内容广泛，有助于培养具有

---

[1] OKABE M. Where does Philippine education go? The "K to 12" program and reform of Philippine basic education [J]. IDE discussion paper, 2013, 425: 14.

21世纪技能的全面发展的人才。[1]

（三）课程实施的多样化

菲律宾的基础教育充分展现了课程的多样化。课程大多是与学习者现实生活相关的内容，学习者能够更好地理解和领悟课程中知识与技能的内涵，如高中阶段的学习内容与将要步入社会或继续深造的学生联系密切，学生可以选择自己感兴趣的方向进行学习，大致确定自己的未来职业方向。课程内容的实施具有一定的灵活性，各地可以根据当地的文化和历史以及学生发展需求调整教学内容；授课语言上，在一至三年级各地区可以使用当地语言展开教学，帮助学生更好地理解新知识；[2] 授课方法上，主要采用"螺旋式教学方法"，强调学习是建立在以前所学知识之上的过程，使得学生由浅入深、循序渐进地掌握和应用知识。[3]

二、基础教育的经验

菲律宾基础教育发展至今，产生诸多积极影响并积累了一定的教育经验，主要体现在以下几个方面。

（一）注重学生发展

无论是将学前教育纳入义务教育、采用当地语言进行授课，还是增加

---

[1] 高皇伟. 菲律宾基础教育改革新动态——K-12基础教育体制述评[J]. 世界教育信息，2013，26（7）：49-54.
[2] 张小二. 菲律宾K-12基础教育课程改革背景下学生学习结果评价研究[D]. 长春：东北师范大学，2015.
[3] OKABE M. Where does Philippine education go? The "K to 12" program and reform of Philippine Basic Education [J]. IDE discussion paper, 2013, 425: 14.

两年高中教育,都体现了本次改革强调以学生为中心。在学习体系上的一体化和连续性以及采用学生更熟悉的母语进行入门学习,都是站在学生的角度上,选择有助于其吸收和掌握知识的方法来授课和呈现知识。而且此次改革不仅仅关注了学生当前的学习,还注重引领学生的未来成长,学生可以选择高中教育中具有针对性的高级课程,提升自身专业能力和综合能力,从而获得就业途径或者选择继续深入学习,巩固基本能力,为到大学进行深造奠定基础。

(二)加大教育投资

从 2005 年到 2014 年,国家政府在基础教育上的实际支出增加了一倍多。到 2013 年,公立小学和高中学生的平均实际支出为 12 800 比索,比 2005 年增长了近 50%。国民收入中用于教育的份额也有所增加,到 2014 年,已达到 GDP 的 2.2%,每个学生的花费也遵循了类似的模式。[1] 而且政府致力于解决日益恶化的学校基础设施、不足的教师以及高质量教科书和教学材料等问题,将增加的开支很大一部分用于增加基础设施投资,并向学校提供必要的投入,确保学校的日常维护和运营费用,为学生提供良好的学习环境,提高教育质量。

(三)顺应全球化发展潮流

随着全球化的到来,几乎所有民族的文化生活都会受到他国直接或者间接的影响。根据各国的历史、传统以及文化的不同,全球化以不同形式或多或少对所有国家都产生影响。菲律宾的国家教育系统和教育部等部门

---

[1] 资料来源于世界银行网站。

调整其结构、框架和功能来迎接全球化的挑战。改革基础教育，采用全球基础教育标准，使之与国际接轨，有利于与国际教育机构接轨，也有利于在国际公司就业。[1] 在顺应全球化潮流的同时，改革循序渐进并针对本土国家进行一系列的调整。在实施 K-12 改革时，菲律宾并非照搬其他国家的基础教育体系，而是根据本国的情况加以调整，如结合本国多种语言的情况，选择在低年级阶段先用其最熟悉的母语进行授课，再慢慢过渡到英语教学。

第三节 基础教育的挑战和对策

一、基础教育面临的挑战

菲律宾基础教育发展至今，由于菲律宾政府对于教育的经济投入远远赶不上其需求，导致其还遇到了诸多问题，如入学率低、课程整合难、毕业生就业前景堪忧以及本国人才流失加剧等。

（一）儿童入学情况不乐观

根据数据显示，菲律宾幼儿园到小学的净入学率自 2016 年的 96.04% 下降至 2019 学年的 94.80%，呈现持续减少的趋势。与此形成对照的是，初等教育到中等教育的净入学率却在同一时期从 2016 年的 75.33% 增长至 2019 学年的 79.93%。[2] 尽管教育是免费义务的，但延长的学习年限增加了家庭

---

[1] ABULENCIA A. The unraveling of K-12 program as an education reform in the Philippines [J]. Research gate, 2015, 10(1): 12-15.

[2] Government of the Philippines. Report of the task force on NEAP transformation: proposed detailed design [R]. Task Force on NEAP Transformation, 2019.

的负担，特别是对于低收入家庭而言。这使得他们面临继续接受教育的间接成本，从而迫使他们做出立即就业的决定，而非完成整个12年的基础教育。[1]

尽管菲律宾不断增加对教育的投入，但仍然无法满足教育需求，导致失学人口增加。这主要受到人口和经济两方面的影响。在人口方面，菲律宾一直以来都面临着东亚地区最高的人口增长。根据《2010年全民教育报告》，不断增加的人口导致班级规模扩大和儿童人均教育支出下降，使得实现普及基础教育目标一直十分困难。[2] 在经济方面，尽管政府在K-12计划中增加了对教育的经济投入，但要确保全体人民都能接受基础教育并提高教育质量，需要将更大比例的国内生产总值（GDP）用于基础教育。据世界银行和澳大利亚国际开发署的研究，要实施广泛的教育质量改善计划并实现教育部的扩招目标，需要国家投入超过国内生产总值6%的经费。在菲律宾，要实现这一数值的目标是较为困难的。[3]

（二）师生适应新课程困难

尽管K-12教育改革的课程强调内容应具有综合性和现实性等特点，但过多综合的课业负担对老师的绩效与学生的成绩都产生了不利的影响。由于课程的变化，教师需要整合相关学科的知识在一门课上进行教授，并在课程中融入现实生活的内容，这对于教师来说难度大，也加大了工作量，因为他们需要学习三门或更多的课程。同时，教师在开展一门课程之前必须充分了解其基本概念、对课堂实践的影响以及它所倡导的教学原则。[4] 由

---

[1] 资料来源于政策共享网站。

[2] UNESCO. Reaching the marginalized: education for all global monitoring report 2010 [R]. UNESCO, 2010: 56.

[3] EDNAVE R. Problems and challenges encountered in the implementation of the K to 12 curriculum: a synthesis [D]. Saint Louis University, 2018.

[4] WANG H. Language policy implementation: a look at teachers' perceptions [J]. Asian EFL journal, 2008, 30(1): 1-25.

于教师未接受过专业培训，导致他们教授课程与学习者的需求不匹配。教师往往以符合自己教学风格和信念的方式来理解课程教学，导致不同教师对同一门课程的理解千差万别，从而导致了课程在理念与实践中存在较大差距。[1]

对于学生而言，新课程的内容更深入、更综合，学习起来更加困难。因此，要达到规定的课程标准，学生要面对较重的课业负担，但他们难以实现学习和课余生活的平衡。主要原因有两点：一是课程内容与本国需求的脱轨，二是师资培训不足。在全球化的影响和东南亚国家联盟一体化等多重压力下，菲律宾试图按照全球基础教育标准进行调整课程，但却忽略了本国实际情况和需求。因此，当前的课程整合需要提高其清晰度、特殊性和内部连贯性，注重整合21世纪学习和语言教学的基本原则。[2]

（三）国民对人才流失的担忧

在实施改革之前，有许多团体和个人抗议K–12计划，认为计划中的课程不是国家所需要的用以更好地教育菲律宾人的课程。有激进分子认为，K–12是通过促进劳动力输出政策来服务于其他国家的利益。[3] 有研究调查学生未来就业意愿时发现，高中生尤其是低收入阶层的学生不太愿意接受高等教育，更愿意在毕业后立即进入劳动力市场，成为蓝领工人。K–12本质上是在满足学生毕业后的工作以及国外工作所需技能的需求，再加上本国没有足够多的好工作，特别是在目前菲律宾的高失业率下，即使一些学

---

[1] RAHMAN N. From curriculum reform to classroom practice: an evaluation of the English primary curriculum in Malaysia [D]. England: University of York, 2014.

[2] JESSIE S, BARROT. English curriculum reform in the Philippines: issues and challenges from a 21st century learning perspective [J]. Journal of language, identity & education, 2019, 18(3): 145-160,

[3] DIANE V. Should I stay or should I go? A study on the impact of K-12 on the perspectives and future plans of grade 12 students upon graduation from senior high in selected Schools in Cubao, Quezon City [D]. Manila: University of the Philippines, 2018.

生可能没有任何出国工作的计划，他们最终也会通过所谓的"强迫移民"出国工作。学生毕业后就能找到工作，是作为"廉价劳动力"输出，以满足国外劳动力市场的需求，而不是国内的需求。这也导致了菲律宾国内的人才流失，不利于本国的发展。除造成本国人才流失之外，本次改革还存在实际结果与预期结果之间差异较大的问题，如成人学术能力测试显示，目前K–12的STEM（Science, Technology, Engineering and Mathematics）课程不能为学生学习大学水平的课程做好充足的准备，K–12学生能力与预期存在差距。[1]

二、基础教育的应对措施

为了有效解决菲律宾基础教育面临的挑战，积极应对时代变迁对基础教育的需求，菲律宾教育部制定并实施了《2030年基础教育发展规划》（以下简称《规划》），该规划自2022年6月3日起生效，成为菲律宾基础教育史上首个全面的长期发展战略蓝图。《规划》的核心围绕一个总目标展开，即构建一个适应未来社会需求、促进学生全面发展的基础教育体系。该规划依托四大基本支柱，即准入、公平、质量以及复原力和幸福感，来实现基础教育成果目标。

（一）提高基础教育覆盖率和完成率

菲律宾《规划》的首要目标是提高基础教育的覆盖率和完成率，确保所有学龄儿童、青年和成年人都能获得基础教育机会。为此，菲律宾将重

---

[1] PORFERIO M, ALMERINO Jr, LANNDON A, etc. Evaluating the academic performance of K-12 students in the Philippines: a standardized evaluation approach [J]. Education research international, 2020, 12(4): 1-8.

点关注学前教育，计划到 2030 年年底让所有 5 岁儿童都能拥有一年的学前班学习经历，并顺利过渡到一年级。具体措施包括改革入学政策、加强地方政府合作、改善教育设施和提高教师专业技能。同时，教育部将加强学校能力建设，确保各级各类学校数量充足，改善学习环境，加强课程衔接性。此外，政府还将积极扩大学习机会，特别是为失学儿童和青少年提供替代学习系统，保障他们的受教育权。

（二）保障处境不利学习者的受教育权

《规划》的第二个关键支柱是"公平"，旨在解决处境不利学习者受教育权得不到保障的问题。菲律宾教育部将加强信息收集管理，制定基于证据的教育政策，以科学化教育决策，确保政策能够惠及所有处境不利的学习者。同时，将创设包容安全的学习环境，为有不同学习需求的处境不利学习者提供支持，改善学校及社区学习中心的保健、卫生和营养设施，并提高教学人员的专业水平。此外，教育部还将畅通对话反馈机制，构建与处境不利学习者之间的直接对话平台，让其参与教育政策的制定和实施，确保他们的教育权利得到保障。

（三）确保基础教育质量和学习成果

《规划》的第三个关键支柱是"质量"，旨在解决菲律宾基础教育学习者在国内评估和国际大型测评中表现不佳的问题。菲律宾将确保所有学习阶段的课程、教学和课堂评估方法与全球教育标准一致，制定和实施反映 21 世纪技能培养的课程指南。同时，促进教师专业发展，通过校本管理制度下的教师专业发展活动，提升教师的教学和评估技能。此外，提供必备的学习资源，开发和实施学习资源管理系统和质量保证体系，特别是为农村和偏远地区提供充足的数字资源和上网补贴。教育部还将加强考试评估监测，改善国家成就测试的覆盖性，及时监测每位学习者的学习表现数据，并为特殊需要的学员提供教学支持。

（四）提升学习者的复原力和幸福感

《规划》的第四个关键支柱是"复原力和幸福感"，目标是确保学习者具有复原力，知道自己的权利，具备保护自己的生活技能。菲律宾教育部将坚持"权利为本"的教育框架，完善基础教育背景下儿童尊严和权利的保护制度。同时，制定灾害预防和应对措施，确保学习者和学校工作人员在自然灾害和人为危害中能够安全和受保护。此外，重视学习者的身心健康，提供基本的健康、水、卫生和营养服务，并推广心理健康专业人员为学习者提供心理社会支持，培养教授体育项目的教学和非教学人员，促进学习者身体和社会情感技能的发展。

第六章 高等教育

第一节 高等教育的发展和管理

菲律宾高等教育体系独具特色，机构众多，提供丰富的专业课程，涵盖各个领域，且注重实践能力的培养，鼓励学生将所学知识应用于实际中。此外，菲律宾的高等教育国际化程度高，与世界各地知名大学建立合作关系，为学生提供广阔的发展机会。

一、高等教育的发展历程

早在20世纪60年代，菲律宾就已经成为一个移民输出国。[1]之后，越来越多的公民去海外工作。在这样的大背景下，菲律宾高等教育在培养人才的导向上也受到了一定影响，试图通过强加一种理想的灵活性概念，迅速将学术人力和资源转移到能够产生正确"类型的工人"上，以满足外国一些项目对劳动力的需求。[2]在这个过程中，高等教育逐渐成为旨在培养"可就业"的移民工人的重要力量，菲律宾高等教育机构的运作更像是当今全球经济中的第三世界工厂。大多私立高校的课程设置主要是关于职业技

---

[1] RODRIGUEZ R M. Migrants for export: how the Philippine state brokers labor to the world [M]. Minneapolis: University of Minnesota Press, 2010: 80-81.

[2] ORTIGA Y Y. The flexible university: higher education and the global production of migrant labor [J]. British Journal of Sociology of Education, 2015, 38(4): 485-499.

术课程方面、直接面向劳动力市场的，具有较强的劳动力市场适应性和灵活性。与东南亚许多后殖民国家一样，菲律宾的高等教育在很大程度上是一种私营企业。[1]

（一）高等教育的规模

1611年，菲律宾历史上第一所大学——圣托马斯大学成立了，该大学也是亚洲现存最古老的大学。在此之后的几百年间，菲律宾高等教育持续推进，尤其是1946年菲律宾获得独立后，伴随国家经济社会的恢复和发展，高等教育事业也得到快速发展，逐渐形成了比较成熟和完善的高等教育体系。近些年来，菲律宾高等教育在机构数量、学生数量、师资力量等方面均持续发展，总体水平不断提高，普及程度日益增强。

菲律宾的高等教育机构可分为公立高等教育机构和私立高等教育机构两个部分。公立高等教育机构又可分为国家的和地方的教育机构，分别由国家或地方政府拨款建立并予以支持，包括国立大学、国立学院、农学院、艺术学院、师范学院、职业学院等；私立高等教育机构主要由教会、私人或基金会根据公司法及相关教育法规创办，包括私立大学、私立学院、外国大学分校等等。截至2018年，菲律宾共有高等教育机构1 963所，其中，公立高等教育机构242所，私立高等教育机构1 721所。[2]

根据联合国教科文组织统计数据，2019年菲律宾高等教育适龄人口约为1 071.5万人，约占全国人口总数的9.7%。近十年，菲律宾高等教育毛入学率稳步上升，从2008年的29.21%发展至2017年的35.28%，[3]但尚未进入高等教育普及化阶段。2018年，菲律宾高等教育在校生总数已经达到了

---

[1] ALTBACH P G. Twisted roots: the western impact on Asian higher education [J]. Higher Education, 1989, 18: 9-29.
[2] 资料来源于菲律宾高等教育委员会官网。
[3] 资料来源于联合国教科文组织官网。

321.25万人，毕业生75.13万人。

从20世纪60年代末开始，全国高等教育工商管理学科在校生占高校在校生总数的比例长期维持在30%—40%，[1]直至1989—1990学年，商科在校生数占比仍然为29.2%，显著高于同时期的其他国家。与此同时，尽管工商管理学科学生数量最多，但从学科的发展水平来看，菲律宾的医学、护理学却是国内外最为知名的专业。在菲律宾，医学、药学、兽医学等学科只授予博士学位，一般学制为六年，有的长达八年。由于学习年限较长，入学要求高，培养过程也相对严格，因而医科毕业生的水平也比较高。

（二）学制设置

在学制设计方面，菲律宾的高等教育包括了副学士学位教育（Associate Degree）、学士学位教育（Bachelor Degree）、硕士学位教育（Master Degree）和博士学位教育（Doctor Degree）。具体而言，学生在农业技术、文秘、商业、美术等专业学习两年后，可获得副学士（协士）学位。本科阶段的课程学习一般需要4—5年。之后，取得学士学位的学生再继续学习1—2年可以获得研究生毕业证书；学习两年并提交学位论文（教育学硕士可无论文），可以取得硕士学位。在此基础上，学生继续学习两年并通过公开的论文答辩，可以获得博士学位。[2]菲律宾的课程教学语言主要为菲律宾语和英语。

（三）教师队伍

高等学校的师资规模和水平直接关系着一个国家人才培养质量和办学实力。在20世纪，菲律宾高校教师队伍中具备硕士学位和博士学位的教师

---

[1] 刘洁. 独立后菲律宾教育发展研究 [D]. 贵阳：贵州师范大学，2014: 44.
[2] 伍金球. 菲律宾高等教育发展的经验及对我国的启示 [J]. 高教探索，2006（1）：72-75.

占比相对较低。例如，圣托马斯大学 1982 年有 687 位教师，其中 216 人有博士学位，占 31%；268 人有硕士学位，占 39%；有近 1/3 的教师不具备研究生学历。而就菲律宾大多数高等院校来说，学士学位的教师也是当时师资结构的主体。以比科尔大学为例，1979—1980 学年，全校共有教师 508 人，其中具有博士、硕士学位的只有 104 人。[1] 但随着高等教育的发展，到 2000 年，菲律宾高等教育机构中具有硕士、博士学位的师资占比已经达到了 42%，到 2018 年，这一比例已经增长到了 54.2%。[2]

（四）学术研究的国际排名和主要大学简介

菲律宾著名的高等学府主要有菲律宾大学、德拉萨大学、马尼拉雅典耀大学、圣托马斯大学等。

菲律宾大学设立于 1908 年，是全国著名的国立大学，也是全国规模最大的大学，共有 8 所分校分别分布在菲律宾群岛的 21 个校区，[3] 如以医学为主的马尼拉分校，以农林专业为主的洛斯巴尼奥斯分校，以渔业和水产养殖等专业为主的米沙鄢分校，而迪利曼分校则学科齐全，本身就是一所含人文科学、社会科学、自然科学、技术科学、经济管理科学在内的综合性大学。就授予学位的学术单位、学生人数、教师和图书馆资源而言，迪利曼分校是菲律宾大学系统中最大的组成部分。2019—2020 学年，迪利曼分校在校生 23 360 人，其中本科生 13 558 人，法学博士 820 人，硕士和博士 8 276 人。[4] 国家科学综合体及工程研究和开发技术也隶属于菲律宾大学。目前，菲律宾大学已经培养出了 39 名国家科学家、40 名国家艺术家、2 名

---

[1] 邓存瑞. 菲律宾的现行学位等级与研究生教育 [J]. 外国教育研究，1988（4）：32-33+46.
[2] 刘进，林松月. "一带一路"沿线国家的高等教育现状与发展趋势研究（三十四）——以菲律宾为例 [J]. 世界教育信息，2019，32（22）：44-49.
[3] 资料来源于菲律宾大学官网。
[4] 资料来源于菲律宾迪里曼大学官网。

国家社会科学工作者、16位共和国总统中的7位、15名最高法院的首席大法官，还有数万名在国内外服务的医生、律师、工程师、教师，以及数十万名其他学术领域的毕业生。作为本科生教学的典范、研究生教育和研究的中心，以及公共服务的领导能力和专业知识的主要来源，菲律宾大学发挥了重要作用。[1]

德拉萨大学由基督教学校兄弟会在1911年建立。学校位于马尼拉市区，其发展定位为塑造为教会和国家服务的人力资源的领导者、一个领先的以学习者为中心的研究型大学。[2]学校设有计算、法律、经济学、哲学、商科等8个学院，以及海洋研究、计算机网络工程、创意写作、自然科学与环境等11个研究中心。共有在校本科生两万余人、研究生五千余人。2017—2018学年，学校培养了3 244名本科生、472名硕士生和60位博士生。[3]

与一些发达国家或高等教育发展迅猛的发展中国家相比，菲律宾的高校在科学研究、学术探索方面的竞争力相对较弱。2022年QS世界大学排行榜显示，菲律宾大学排在第399名，马尼拉雅典耀大学排在601—650名。菲律宾几所知名大学的世界排名情况如表6.1所示。在泰晤士2021年全球大学排行榜中，进入榜单的菲律宾大学和德拉萨大学，在研究影响力指标上的得分分别为23.5和18.2，而同期的牛津大学、斯坦福大学和清华大学则分别为99.6、96.7和94.9。在以学术研究能力为衡量标准的上海软科世界大学学术排行榜中，菲律宾在2021年还没有大学进入榜单。截至2015年7月，在菲律宾777种学术期刊中，只有28种被列入汤森路透集团、斯高帕斯数据库或两者的主期刊名单。[4]期刊发展水平与国际影响力的相对落后也在一定程度上反映了国家整体科研创新氛围的欠缺。

---

[1] 资料来源于菲律宾大学官网。

[2] 资料来源于德拉萨大学官网。

[3] 资料来源于德拉萨大学官网。

[4] TECSON-MENDOZA E M. Scientific and academic journals in the Philippines: status and challenges [J]. Science editing, 2015, 2(2): 73-78.

表6.1 2022年菲律宾知名大学及其世界排名[1]

	THE	QS	U.S. News
菲律宾大学	401—500	399	1 271
马尼拉雅典耀大学	—	601—650	—
德拉萨大学	1 000+	801—1 000	—
圣托马斯大学	—	1 001—1 200	—

（五）国际交流与合作

1994年，菲律宾颁布了行政命令188号，明确菲律宾留学生的进入和停留的相关事宜，并成立了外国留学生委员会。1996年，菲律宾制定了面向外国留学生的《国家前景计划》，以进一步通过加强学术交流、吸引留学生、加强国内外合作等方式，将菲律宾打造为亚太地区教育和培训的中心。2000年，菲律宾政府颁布了《国际联系和合作方案实施准则》，继续推进菲律宾高校和国外高等教育机构之间的广泛联系，促进教育与文化交流。2003年，菲律宾颁布了《跨国教育的政策和指导方针》，对国外教育高等教育机构的办学机制和课程活动等做进一步规范。2008年，菲律宾政府颁布了《跨国教育的政策、标准和指导方针》，鼓励菲律宾高等教育机构在一个无国界的环境下提供学分和学位。[2]

菲律宾的高等教育国际化实践主要体现在以下几方面：政府政策支持、吸引、招收留学生；鼓励本国学生出国留学或实习，加强与世界各地高校的联系；与国外高等教育机构开展多样化的合作，如师生交流、职员交换、访问教授、联合研究、合作关系、海外教育以及双联学位等；积极参与国

---

[1] 数据来源于QS、THE、US NEWS世界大学排名官网。
[2] 黄建如，柯莉群. 菲律宾高等教育国际化的实践与利弊[J]. 东南亚纵横，2012（2）：71-75.

际级学术研究活动，签署双边和多边协议促进国际学术的交流，如亚太论坛、全球青年交流项目等；国内外课程融合，涉及语言、文化、历史、社会结构、政治和经济等课程。[1]

由于具有英语教学的语言优势，菲律宾也成为留学生除美国、英国、澳大利亚、加拿大、新西兰等国家之外的重要选择之一，在吸引国际学生方面进展迅速。而且，相对于大部分周边国家与地区，菲律宾的生活成本及学杂费较低，是吸引国外留学生的优势之一。2010年约有6 416名留学生办理签证，比2009年增长了20%。在这些留学生中，有1 871人是新生，4 545人是上学期就已经在菲律宾学习的学生。[2] 韩国、中国、印度、伊朗是菲律宾主要的留学生来源国，医学、护理学、酒店与餐饮管理等专业是留学生的主要选择。在派遣学生出国学习方面，美国是菲律宾学生的主要留学目的国。2008年菲律宾出国学生人数达到8 443人，其中有4 174名学生是到美国留学，占出国总人数的49%。[3] 在国际合作方面，1998年，有107所菲律宾高校与28个国家的487所高校，在33个领域或学科进行合作项目。仅菲律宾大学迪里曼分校就与全球十余个国家的50多所高校有合作。[4]

二、高等教育的管理与质量保障体系

（一）管理

公立、私立两种不同类型的高等教育机构的管理运行机制是不同的。

---

[1] 郑阳梅. 菲律宾国家教育概况及其教育特色研究 [J]. 广西青年干部学院学报，2015, 25（4）: 68-72.

[2] 资料来源于菲律宾人好消息官网。

[3] 资料来源于菲律宾航天局官网。

[4] SANTIAGO A L. Cross-border transactions in higher education: Philippine competitiveness [J]. Discussion paper series No. 2005-27, 2005: 15.

私立高等院校在资金的筹集和运用、发展方向的把握与调整、师资队伍的补充与缩减等方面，相对于公立高等院校有较大的自由度。一般而言，国立院校内部实行院校董事会领导下的校长负责制，兼设行政委员会、学术委员会、审计委员会、院校秘书和菲律宾财务主管等监管机构与人员。其中，学校校长是院校内部领导体制的核心，由董事会根据高等教育委员会咨询主席、高等教育委员会主席所共同组成的遴选委员会的推荐进行任命；董事会则是国立院校的主管部门，一般由高等教育委员会成员、学校校长及副校长、教育文化国会委员会成员、国立院校主校区所处区域的国家经济发展署成员、教师协会主席、学生代表、校友会主席等构成。例如，菲律宾大学由来自大学和私营及公营机构的成员构成的董事会作为最高管理机构，董事会下设校长办公室、副校长办公室等具体负责学校各项工作。在私立高等教育机构中，董事会是最高管理与决策机构，下设校长和若干分管财政、对外交流等事务的副校长，以及主任等负责教学、科研、行政等具体工作。如德拉萨大学的整体治理是由15人组成的董事会授予和行使的，董事会负责监督为改善大学的学术项目、教学和研究活动以及物理工厂和设施而制定的近期和长期计划，委员会批准年度预算并监督资金的管理。

（二）质量保障体系

为保证高等教育质量，菲律宾也发展出了一套较为完整的高等教育质量保障体系。菲律宾高等教育质量保障体系主要由菲律宾高等教育委员会（CHED）、菲律宾认证机构联合会、菲律宾质量保障机构国家网络组织等组成（见图6.1）。

其中，高等教育委员会成立于1944年，主要负责菲律宾所有公、私立高等教育机构以及高等教育机构学位项目的监管，负责开发制定政策，提升国家高等教育的质量，行使对本国所有学院和大学的监管权。认证机构

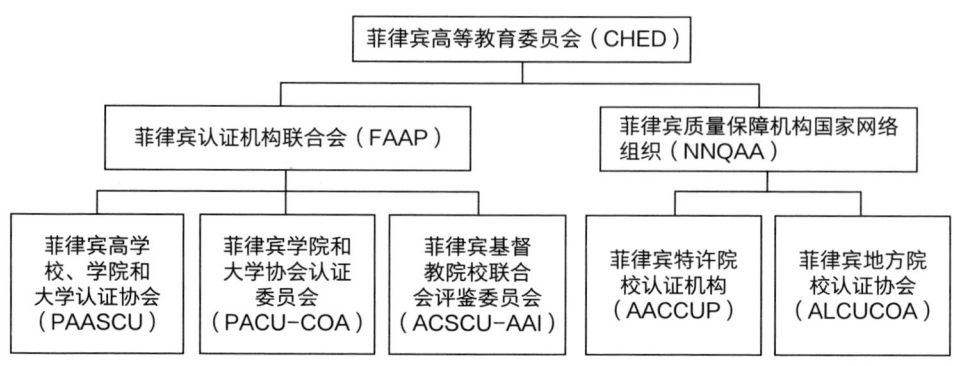

图 6.1 菲律宾高等教育认证体系结构

联合会成立于 1977 年，是菲律宾官方认可的实施高等教育认证的机构，主要负责与政府共同对教育机构和课程项目进行认证，制定和实施认证的政策、方案、标准及程序等。质量保障机构国家网络组织成立于 2004 年，主要负责对菲律宾公立高等教育机构进行认证，以确保公立高等教育机构的质量。菲律宾质量保障机构网络组织由高等教育委员会认可，保证了其对公立教育机构认证的权威性，下属菲律宾特许院校认证机构、菲律宾地方院校认证协会。菲律宾认证机构主要负责制定项目认证标准，对照标准对大学具体课程或项目以及整个高等教育机构进行评估，以提供认证结果或帮助高等教育机构改善和提高质量，下属菲律宾学校、学院和大学认证协会、菲律宾学院和大学协会认证委员会、菲律宾基督教院校联合会评鉴委员会。专业监管委员会是菲律宾为确保建立专业人员持续发展体系而建立的组织机构，其宗旨是制定、颁布和实施专业发展标准，确保专业发展质量。专业监管委员会根据专业发展要求，对颁发给个体的职业证书进行监管。监管的目的是在有职业发展规划和培训的个体和机构中贯彻专业发展标准。[1]

---

[1] PIJANO C V. 菲律宾高等教育质量保障体系及实践 [J]. 教育发展研究，2009，29（3）：51-53.

（三）质量保障认证

由于私人办学一直受到菲律宾政府的鼓励，政府对私立院校没有严格的规定。很多私立院校为了赚钱而开办，为了争夺生源而牺牲教育质量，受到社会的质疑。对此，菲律宾政府也专门针对私立院校出台了一系列专门的质量保证与管理措施。其中，认证制度是菲律宾私立高等教育重要的质量保障机制之一。认证的过程是一个院校机构或认证项目通过自我评估和同行评价，不断提升质量和服务的过程，达到公认的质量标准或优秀标准的教育机构或项目将被给予认可。为了鼓励数量众多的私立院校参加认证，菲律宾政府对达到不同认证等级的院校给予相应的特权，认证等级越高，特权越大，利益越多。因此，为了能够获得更大的自主权，私立院校都积极参加菲律宾认证机构联合会的质量认证。除此之外，菲律宾政府还对私立院校制定了考核标准和整顿措施，包括要求所有私立院校必须获得教育文化体育部的批准才能开办；学校开设的各科课程，如果达不到一定水平，又未经政府承认，不得再继续开设下去；所有的私立院校要授予毕业证书、学位或文凭，必须先获得教育文化体育部的批准；应邀请教育文化体育部派员参加学生的论文答辩会后，才能授予硕士、博士学位。[1] 对于一些发展基础较好的私立院校，菲律宾政府也规定了其升级为大学的条件，包括至少有三个学科的学士学位课程已经得到认证，硕士学位至少已经有一类课程得到认证，图书馆至少有一万册藏书。[2]

第二节 高等教育的特点和经验

通过菲律宾高等教育发展现状可以发现，私立高等教育机构占比较大，

---

[1] 刘洁. 独立后菲律宾教育发展研究 [D]. 贵阳：贵州师范大学，2014：38.
[2] 潘懋元. 东南亚教育 [M]. 南京：江苏教育出版社，1998：68.

高等教育发展历程曲折、发展速度较快是菲律宾高等教育发展的显著特点。同时，从其发展的历程可以发现，对于高等教育的发展而言，私立院校是发展高等教育的重要形式，国家的宏观调控对于高等教育发展十分必要，建构完善的质量保障体系是推进高等教育健康发展的必要保障。

一、高等教育的特点

（一）私立高等教育机构占比较大

私立高校数量远远多于公立高校并成为高等教育的主力军是菲律宾高等教育的一个显著特点。菲律宾私立高等教育发展的历史悠久，17世纪初建设的第一所大学圣托马斯大学就是一所私立院校。在之后长期的殖民统治阶段，一大批私立高等教育机构发展起来。1946年独立后，饱受战争蹂躏的菲律宾政府几乎没有能力管理已有的大学，更不用说建立新的公立高等教育机构了。[1] 1987—1988学年，菲律宾全国有高校1 606所，其中公立高校428所，私立高校1 178所，私立高校占全部高等教育机构的73.3%。1986—1987学年，菲律宾的私立高校在校生为130万人，占公、私立高校在校生总数的79%。[2] 2009年，菲律宾公立高校有218所，私立高校已经达到了1 573所，占到菲律宾全部高等教育机构的87.8%。而到了2018年，公立高校242所，私立高校数量已经增长到1 721所，占到所有高等教育机构的87.7%。雅典耀大学、圣托马斯大学和国父大学等私立院校均是具有国际影响力的世界知名高校。在私立高校中，有一部分是宗教机构，其余的由

---

[1] SANTOS A I, RAMOS M D. Private colleges and universities in the Philippines [M]. Quezon City: Alemar-Phoenix Publishing House, 1973: 40.

[2] 冯增俊，卢晓中. 战后东盟教育研究 [M]. 南昌：江西教育出版社，1990：326.

公司和家族企业运营。[1]

正是由于私立院校较大的规模与占比，私立高等教育在教育系统中的作用一直受到菲律宾政府的关注。从20世纪70年代开始，菲律宾便以立法形式确定了一系列国家资助私立高校的法规。1972年的《教育发展令》、1982年的教育法以及1987年的宪法有关条款均提出，为促进国家发展目标的实现，政府可通过金融机关的拨款、资助金或贷款等形式向私立院校提供帮助。而1989年菲律宾国会通过的《政府资助私立教育中的学生与教师法》，作为菲律宾教育立法史上第一部资助私立教育的专门法律，进一步明确了政府资助私立教育的职责，确立了由国家资助私立学校教育的国策。20世纪90年代以来，政府对私立学校收费上涨标准虽有所限制，但与此同时却逐渐加大了对高等教育的资金投入。2001—2004年，菲律宾政府共向私立高等教育机构投入了799亿比索以发展高等教育。[2] 此外，菲律宾政府还通过资助学生和教师、减免学费、发放生活补贴、发放教育贷款基金、提供科研发展经费、减免税收等方式予以支持，以保障私立院校的办学质量。

在予以政策和资金支持的同时，菲律宾政府对私立高等教育的监管也逐步完善。1975年，菲律宾全国教育行政改革进一步加强了国家和地区对私立高校的监督管理。私立高等院校的建立、专业课的设置及实施、学位的授予、毕业证书的颁发，以及学费收取标准等，都受到政府方面的严格限制和监督。同时，围绕私立院校也形成了较为完善的质量保障体系，通过对学校或课程、项目的认证，来持续的监督、保障、激励私立院校提升教育教学质量。

---

[1] ORTIGA Y Y. The flexible university: higher education and the global production of migrant labor [J]. British journal of sociology of education, 2015: 485-499.

[2] 陈武元，薄云. 韩国、马来西亚、菲律宾三国私立高等教育经费政策研究 [J]. 高等教育研究，2008（2）：100-106.

（二）发展历程曲折但速度较快

自建国以来，受到国家政权更迭和政治制度变化的影响，菲律宾高等教育几经波折，在管理体制、学校发展方向上走了一些弯路。

从其发展历程上看，独立初期，面对二战给国家经济社会发展各个方面带来的巨大影响，菲律宾政府颁布的各项政策主要以恢复发展为主。在高等教育领域，着力恢复、重建了一批高等教育机构。在高等教育管理上，将原公共教育部改名为教育部，新设国家教育、科学与文化事务委员会，教科书委员会，国家教育委员会，联合国教科文组织菲律宾国家委员会等机构。到20世纪60年代中期，菲律宾进入马科斯独裁专政阶段。在这一阶段，总统令取代了原有以国会立法形式颁布的共和国法案，成为指导菲律宾高等教育改革和发展的政策依据，国家政策、规划、权力在高等教育发展中的作用更加突出。随着入学人数的增长，为保证教育质量，马科斯政府实施了国家的统一入学考试政策。在高等教育管理体制上，1969年，建立了"菲律宾教育调查总统委员会"，负责调查全国的教育状况并提出改革建议；新设建立国家高等教育研究委员会；对公立高校管理人员的任命、构成、资格等做了更为详细的规定。到20世纪80年代中后期阿基诺政府执政以后，菲律宾国会的立法地位得以恢复，共和国法案重新取代总统令。成立了直接隶属总统办公室的高等教育委员会，专门负责高等教育事务；废除了高中毕业生必须通过国家统一考试才能接受高等教育的规定。

尽管发展历程曲折，但菲律宾高等教育也在不断适应不同的历史时期、调整发展方向、完善发展策略的过程中实现了菲律宾高等教育规模和质量的提升，取得了显著发展成就，为国家发展提供了支持。一是实现了高等教育规模的迅速扩大。从独立开始菲律宾政府出台了一系列新建高等院校和推进部分院校升格为高等教育机构的政策，高等院校数量、在校生数量、授予学位学生数量迅速增长，满足了广大菲律宾民众对高等教育的需求，为菲律宾国家建设和社会发展提供了大批人力支持。二是建立了较为系统的高等教育体系。在发展过程中，不断明晰高等教育的职责，逐渐明晰了私立高等教育与公立高等教育的发展方向，职业教育、本科教育与研究生教育的发展定位。三是形成了较为完善的高等教育管理体制机制。由高等教育委员会统筹国家高等教育发展，有助于菲律宾高等教育系统推进、整体发展。四是构建了较为健全的高等教育质量保障体系。设立了多个高等教育认证机构，定期开展认证活动，对公立、私立高等院校的办学状况、课程教学等进行监督，有效保证高等教育发展质量。

二、高等教育的经验

从菲律宾高等教育发展的历程、现状与特点来看，其取得当前发展成绩，离不开国家对全国高等教育发展的统筹协调，离不开私立高等教育的良性发展，离不开有效质量保障体系的建立，这些也是菲律宾高等教育发展的重要经验。

（一）私立院校是高等教育发展的主要力量

菲律宾是世界上私立高等教育发展最具活力的国家之一，其私立高等院校历史悠久、实力雄厚。私立院校作为菲律宾高等教育机构的主要构成，在为菲律宾民众提供入学机会、培养各领域专门人才、开展学术研究、促进国际交流与合作等各个方面做出了突出贡献。菲律宾在国家财力有限的情况下，调动私人力量举办各级教育，尤其是高等教育的积极性，国家则可以集中有限的教育经费投资基础教育。在菲律宾，公立中小学校多于私立的，而私立高等教育院校则多于公立的。[1]

从二战至今，菲律宾私立高等教育的发展历史说明，私立院校是高等教育发展的有效形式。可以说，对于发展中国家，公、私立教育并举，合力发展高等教育是可靠的举措。尤其是在国家发展基础薄弱、无力大力支持公立高等教育机构的情况下，通过私人办学，可以使政府在不花钱或少花钱的情况下，推动整个国家高等教育的进步。[2]

当然，菲律宾私立高等教育的发展离不开菲律宾政府的监督、引导。菲律宾社会包括政府在内都十分重视私立院校的发展，一方面，政府鼓励私立院校发展，通过资金支持、税收减免等措施激励私人办学；另一方面，通过严密的质量保障体系来确保私立院校人才培养、教育教学的质量。这也是推进私立高等教育稳步前进的重要经验。

（二）宏观调控是高等教育发展的治理手段

作为一项公共产品，高等教育的"生产"与"供给"离不开政府的宏观监管调控。第一，菲律宾政府注重为高等教育提供立法保障，以教育法案的形式，通过国家立法来保障高等教育建设与发展。借鉴美国的政治体制，教育法案均须由参众议院共同组成的菲律宾国会来进行制定和审议，这就使得规范高等教育发展的政策自菲律宾国家独立以来就上升成为国家的意志，进而有效地保证了高等教育政策的执行，增强了高等教育的立法保障。[3] 除了马科斯独裁统治（总统令即法律）时期外，菲律宾的教育发展与改革均由国会通过立法明确加以规定，自上而下贯彻执行。[4] 即使在政局长期动荡的情况下，菲律宾的教育发展也并未出现大起大落的波动，其稳

---

[1] 张国才. 80年代末以来菲律宾教育改革概述 [J]. 南洋问题研究，1996（1）：45-50.
[2] 张晓昭，赵国华. 浅析战后菲律宾高等教育发展的得失及对我们的启示 [J]. 教育科学，1991（2）：59-64.
[3] 张龙. 独立后菲律宾高等教育政策研究 [D]. 南宁：广西民族大学，2013：82.
[4] 郑阳梅. 菲律宾国家教育概况及其教育特色研究 [J]. 广西青年干部学院学报，2015，25（4）：68-72.

定性与连续性兼而有之，并在稳定的延续中追求与时俱进的革新。

第二，重视发挥高等教育规划的指导作用。独立后菲律宾高等教育的建设与发展非常注重发挥高等教育规划的指导作用。尤其是在20世纪70年代之后，几乎每个时间段都有相应的高等教育发展规划或与此相关联的发展规划作为指导。80年代之后，菲律宾进一步聚焦本国高等教育发展状况，并开始出台了专门的高等教育规划。比如，《1994—1998年国家青年发展计划》[1]《1996—2005年高等教育发展长期计划》[2]《高等教育长期发展计划2001—2010》[3]，以及2011年制定的《高等教育委员会2011—2016年战略规划》。上述高等教育发展规划具有很强的目标导向性和实践指导性，在引导高等教育发展方面具有重要作用。

（三）质量保障体系是高等教育发展的必要保障

菲律宾高等教育的健康发展离不开其建构起来的质量保障体系。菲律宾高等教育质量保障有几个显著的特点。一是高等教育质量保障机构各有定位。菲律宾的几个高等教育认证机构，各自有不同的职责权限和进行认证的标准与流程，形成了一个由政府和民间认证相结合、较为完善的高等教育质量保障体系。二是实行分类认证。不同的认证机构分别针对公立高校和私立高校实行认证，既保证了评估活动的专业性，也保证了评估效果与建议的针对性。三是评估机构运作规范。各评估机构开发了一系列评估工具，并邀请认证专家参与。菲律宾高等教育委员会制定质量保障的认证标准，作为认证评估的基本要求。同时，各个认证机构也在此基础上设计

---

[1] 资料来源于菲律宾法律项目官网。

[2] 黄建如. 比较高等教育——国际高等教育体系变革比较研究[M]. 北京：社会科学文献出版社，2008：361-362.

[3] 强海燕. 东南亚教育改革与发展（2000—2010）[M]. 广州：广东高等教育出版社，2010：293.

了自身的认证标准并形成了一系列认证等级,从而更好地为参与认证的院校提供服务。评估过程中也制定了评估指南、专家指导手册以及认证专家小组主席的工作手册等等,以更好的规范评估过程,推进高等教育质量保障工作的有效实施和管理。四是评估工作以院校自评为基础。菲律宾高等教育认证评估一般包括院校自评、同行评价、认证机构决议和周期性的外部复议等步骤。其中,院校自评在这个过程中至关重要,高校需要在结合认证标准开展自评基础上申请认证,有助于调动院校自我质量保障的积极性。五是由院校自愿申请参加认证。由于认证结果直接关系着院校办学自主权的大小和自身的社会影响力,菲律宾院校普遍非常重视认证活动,并投入精力积极筹备,这样一来,院校与认证机构形成合力,共同促进教育质量提升。[1]

建构有效的质量保障体系是目前多个国家保证、提升高等教育质量的重要方式,现代意义的高等教育质量保障既是一种具有强烈问责取向的意识形态,也是一种技术手段。[2]

第三节 高等教育的挑战和对策

菲律宾高等教育仍然面临着办学条件不足、质量有待提升、学科专业布局失衡、研究生教育水平不高、学术研究能力不强等问题和挑战,菲律宾政府为此提出了一些应对措施。

---

[1] 杨琼. 菲律宾高等教育质量保障体系考察——以菲律宾学校、学院和大学认证协会为例 [J]. 复旦教育论坛, 2011(4): 80-83.

[2] 张应强, 苏永建. 高等教育质量保障: 反思、批判与变革 [J]. 教育研究, 2014, 35(5): 19-27+49.

一、高等教育面临的挑战

（一）整体办学条件难以支撑高质量发展

作为一个发展中国家，菲律宾经济实力、科技实力、治理能力和社会发展水平等相对于发达国家来说仍然有一定差距。较为落后的经济发展状况直接影响着国家对高等教育的投入，也在不断挑战菲律宾高校提供优质教育资源的能力。与新加坡、马来西亚等邻近国家相比，由于教育改革的政治意愿不稳定，财政支持匮乏，菲律宾在高等教育基础设施、聘任国际优秀的专家学者方面的支持与投入能力有限，高等教育机构的设施设备相对落后，其私立高校在资助教师和学生参与国际交流或者聘请其他国家教授方面也相对乏力。[1]

财政上的不足也限制了菲律宾高校参与国际认证的步伐。国际认证过程需要一定数量的资金来支持保障，如果高校没有雄厚财政资源做后盾，得到国际认证的机会将大幅减少，国际认可度、影响力也会相对较弱，在吸引外籍留学生方面劣势也更加明显。当然，经济发展和产业发展的相对落后也带来了大批菲律宾人才的外流，大量优秀的毕业生前往国外寻找工作岗位。这也直接影响了菲律宾高等教育师资队伍的培育和教育教学质量的提升。

（二）布局失衡不利于高水平人才的培养

菲律宾高等教育发展结构的失衡表现在教育层次、学科专业等多个方面。

第一，从高等教育的层次结构上看，菲律宾目前的发展呈现出专科生、

---

[1] 黄建如，柯莉群. 菲律宾高等教育国际化的实践与利弊 [J]. 东南亚纵横，2012（2）：71-75.

本科生较多，而研究生规模较少的特点。独立初期，全国仅有五家院校能够培养少量的研究生。1979—1980学年，菲律宾的硕士与博士研究生数为30 325名，仅占当年高校学生总数的2.6%；1981—1982学年，硕博研究生数增加到30 996名，但也只占当年高等学校学生总数的2.3%。[1]整体来看，菲律宾研究生数在高等学校学生总数中所占的比例是很小，尤其是与其他国家相比是非常少的。

第二，从学科专业结构上看，学科间发展不均衡的问题较为显著。菲律宾的高等教育存在学科结构失调的问题，无论是在公立院校还是私立院校，学科和专业设置都存在重文轻理的现象，学生主要分布在教育、师范、商科等专业领域，自然科学领域毕业生的比例很低，工程、技术等学科的高级专门人才需要通过国外留学来培养。全国高等教育商科在校生占高校在校生总数的比例长期在30%—40%。与此相对，1989年，全国物理博士生不足30人，数学博士生仅有20人。[2]学科间发展的不协调一定程度上是受私立院校盈利属性影响的。在20世纪50年代到70年代，菲律宾政府鼓励私人办学，私立院校迅猛增加。许多私立院校由于师资缺、经费少，往往只能开设资源规模要求不高、资金消耗相对较小的文科课程。外加上许多学生因家境贫困，无法支付私立院校医学、工程等学科的昂贵学费，只能选择学费较便宜的文科教育。[3]私立院校为了多招揽学生，也更加愿意开设尽可能过的文科课程，满足大多数普通家庭子女的入学需求。这种以盈利为出发点的学科专业设置，使得菲律宾高等教育的人才培养与社会劳动力市场的需求相脱节，造成有些学科人才短缺，而有些学科尤其是工商管理学科人才过剩的问题。[4] 20世纪60年代，菲律宾高校的毕业生总量超过劳动力市场的需求，就业市场无法完全收纳高校毕业生。

---

[1] 邓存瑞. 菲律宾的现行学位等级与研究生教育 [J]. 外国教育研究，1988（4）：32-33+46.
[2] 冯增俊，卢晓中. 战后东盟教育研究 [M]. 南昌：江西教育出版社，1990：345.
[3] 俞云平，邓存瑞. 菲律宾私立高等教育存在的问题及其改革措施 [J]. 东南亚研究，1989（4）：86-90.
[4] 俞云平，邓存瑞. 菲律宾私立高等教育存在的问题及其改革措施 [J]. 东南亚研究，1989（4）：86-90.

（三）研究生教育发展欠佳影响科学基础发展

菲律宾研究生教育不仅规模不足、在高等教育体系中占比较低，也存在教育质量不高、发展水平有待提升的问题。高校教师大多忙于课程教学而对科学研究钻研不够，相应的，学生的科研训练更多的是为满足学位要求的一种"练习"，很难培养出具有一定科研素养的硕士、博士毕业生和一流的学术研究者。许多学科缺少高级人才，缺少学科带头人和高级研究者。[1] 很多硕士、博士研究生边工作边读研，也导致菲律宾大批研究生延迟毕业或肄业。缺乏坚固的科研基础科学研究工作不是有组织地协作进行，而是主要以个体形成分散实施。研究生教育在培养面向上不是为了培养各个学科领域的高层次创新人才，而具有较强的职业导向，培养合格的从业人员。[2] 有学者在研究中也发现，在菲律宾高等教育系统中，没有一个连贯的框架来定义研究的角色 [3]，甚至可以说，菲律宾的研究生教育更多的是本科教育的延伸 [4]。

研究生教育是国家科学研究的重要组成，直接关系着国家创新能力和科技进步。菲律宾研究生教育发展规模和质量的欠缺，也同时必然会带来科研功能弱化、创新能力不足的问题。高等院校中科研意识和手段的落后，使菲律宾很少产生具有新意的学术成果。而且，大批私立院校将办学重点放在课程教学上，一个教师每学期通常会被分配到两到三门课程。菲律宾高等教育目前存在的沉重的教学和行政负担，限制了教师的研究时间。[5] 这

---

[1] 邓存瑞. 菲律宾、泰国高等教育发展的启示——发展中国家高等教育的发展必须与经济发展相适应 [J]. 外国教育研究，1990（1）：7-11.

[2] 张国才. 菲律宾研究生教育简介 [J]. 外国教育动态，1991（1）：53-54.

[3] BERNARDO A B. Toward a typology of Philippine higher education institutions [J]. Proceedings of the symposium on the rationalization of the Philippine education System, 2003: 15.

[4] 郑阳梅. 菲律宾国家教育概况及其教育特色研究 [J]. 广西青年干部学院学报，2015，25（04）：68-72.

[5] SEGROTT J, MCIVOR M, GREEN B. Challenges and strategies in developing nursing capacity: a review of the literature [J]. International journal of nursing studies, 2006: 43, 637-651.

个沉重的负担剥夺了教师从事研究的权利，学校决策者不愿为学术活动这类"看不见的未来"投资[1]，师生从事科研的动力不足。

二、高等教育的应对措施

面对上述高等教育发展的实际问题，顺应当前国际高等教育发展形势，菲律宾高等教育从提高教育质量、优化教育结构、提升科学研究水平等方面出发，统筹安排，实现高等教育进一步发展。

（一）提高发展质量，提升高等教育国际竞争力

结合菲律宾高等教育发展实际和发展特色，着力提升菲律宾高校的国际影响力和发展水平，打造若干国际知名大学和学科专业。

如何提升质量问题也是近些年菲律宾高等教育发展的关键议题。21世纪以来，高等教育委员会实施了《1996—2005年高等教育发展长期计划》《2001—2010年高等教育长期发展计划》等高等教育规划，致力于菲律宾高等教育的入学、质量、人才培养和管理等方面的改革和发展，但一直收效甚微。[2] 在《高等教育委员会2011—2016年战略规划》中，高等教育委员也围绕提高高等教育质量采取了相关举措，指出要着力提高国家高等教育机构、高等教育课程和高等教育系统的质量，以达到国际标准。高等教育是未来增长和可持续发展的关键。[3]

私立高等教育质量如何左右着菲律宾整个高等教育的质量水平，高等

---

[1] 张晓昭. 菲律宾高等教育中私立部分及主要制约因素 [J]. 教育科学，1993（3）：58-62.
[2] 张龙. 独立后菲律宾高等教育政策研究 [D]. 南宁：广西民族大学，2013：67.
[3] MANEEJUK P, YAMAKA W. The impact of higher education on economic growth in ASEAN-5 countries [J]. Sustainability, 2021, 13(2): 1-28.

教育的质量控制也一直是私营部门的任务，这使得国家层面的控制困难。[1]菲律宾政府将进一步完善对私立院校办学方向与教学效果的质量保障措施，发挥菲律宾私立高校在数量上的优势。同时，有学者研究发现，政府对高等教育学生的支出越高，其经济增长就会越快。[2]因而，在未来发展中，菲律宾政府也将进一步思考如何扩大财政对教育的支持，提升对高等教育的资助额度，改善高校教学、科研条件，为高等教育的发展提供资金助力。

（二）大力提升科学研究创新水平

科学研究能力和学术创新水平不足的问题也已经是菲律宾高等教育发展中正在着力解决的问题。菲律宾政府早就认识到，在创新驱动的时代发展背景下，需要创新研发来推动国家前进。因此，菲律宾政府已经在持续推进政府机构与其他政府和私人研究机构、学术机构、产业企业等机构进行咨询和合作，以推进国家科技创新发展。菲律宾科学技术部制定了《2017—2022年协调计划国家研究和发展议程》，通过确定国家发展的关键领域，引导公共资金支持用于改善与菲律宾人生活的相关研究，以确保科学技术努力面向经济和社会效益最大的领域。

与此同时，菲律宾高等教育委员会也围绕推进高校科技创新能力出台了相关政策。在改善科研质量方面，菲律宾高等教育委员会颁布了《高等教育委员会2011—2016年战略规划》，根据课程的国际化质量、毕业生的全球竞争力、前沿研究成果的实效性等方面，鉴定和认证了91个卓越中心，并要求这些卓越中心致力于"培养下一批实施K-12新课程所需的合格教师，培养下一批有助于国家实现千年发展目标的医疗及相关工人员以及

---

[1] KIM D. Philippine higher education: history, the present state, and reform direction [J]. The Southeast Asian review, 2012, 22: 77-110.

[2] MANEEJUK P, YAMAKA W. The impact of higher education on economic growth in ASEAN-5 countries [J]. Sustainability, 2021, 13: 520.

培养下一批能进行技术生成与改造研究的工程师和科学家"[1]。高等教育委员会还鉴定了14个区域研究中心并动员了7个研究项目部分实施者，并在区域研究中心中建立起了研究者社团和研究者网络，致力于帮助高等教育机构提高科研能力和提高研究效率，致力于利用新技术帮助菲律宾国家，特别是最贫困的地区，提高生产力和生活质量。之后，在合作院校的帮助下，高等教育委员会开展了"国家全国高等教育研究议程2"，旨在支持高校开展高质量研究，提高菲律宾高等教育系统的质量，促进国家发展和国际推广，[2] 推动高等学校开展合作研究和创新工作。在一些具体学科领域，菲律宾也出台了一些促进高校科学研究的举措。举例来说，近几年，高等教育委员会已经将研究情况作为获得护理专业教育最高认证的指标之一，[3] 在这一政策引导下，许多护理院校开始将研究生产力纳入学校战略计划，作为学校建设的关键成果。

---

[1] CHED. Commission on higher education strategic plan for 2011—2016 [Z]. CHED, 2015: 14.

[2] CHED. National higher education research agenda-2: NHERA 2, 2009—2018 [Z]. CHED, 2009: 1-4.

[3] CHED. CHED accreditation of research journals [Z]. CHED, 2014: 1-2.

第七章 职业教育

第一节 职业教育的发展和现状

菲律宾的职业技术教育发展历史悠久，现已形成较为完备的职业教育发展体系，有专门行政部门监管，种类多样。经过成熟的职业技术教育与培训后，菲律宾职业技术从业者将会获得丰富的就业技能，实现自我提升，增强就业竞争力。

一、职业教育的发展历程

菲律宾职业技术教育有其独特的历史文化背景，形成的职业技术教育体系深受殖民国家教育文化的影响，为本国职业教育体系建立和发展奠定了基础。

（一）历史沿革

菲律宾史上第一批职业技术学校是为西班牙殖民统治服务建立的。1820年，西班牙殖民统治者在菲律宾首都马尼拉创设了第一所航海学校，也是菲律宾历史上第一所职业技术学校，目的在于培养航海技术人员以满足西班牙商船的出海需求。1863年，西班牙政府颁布了皇家教育法令，建立完整的公共教育体系，从小学、中学到高等教育学校，其中包括职业技术教育学校，揭开了菲律宾建设公立教育体系的帷幕。在颁布该法令后至其结束统治的三十多年时间内，菲律宾职业技术学校得到了政府的帮扶，学校规模加大，课程内容更加丰富，初步打破了上层社会垄断教育的局面。[1]

1898年，美国打败西班牙，开始对菲律宾实行殖民统治。1901年，菲律宾开办了马尼拉职业学校（即现在的菲律宾技术大学）。1927年，联邦政府颁布联邦第3377号法令，又被称为1927年《职业教育法》。1938年，联邦第313号法令将宿务艺术与贸易学校（现宿务科学与技术州立大学）、伊朗艺术与贸易学校（现西米沙鄢群岛科学与技术学院）、米沙鄢农业学校（现米沙鄢州立农业大学）和棉兰老岛农业学院（现棉兰老岛中央大学）升级为国家级院校。[2]

1946年菲律宾宣布独立。为进一步有序推进本国职业技术教育的改革发展，菲律宾政府陆续出台数十条与职业技术教育有关的法律政策。

1963年，菲律宾成立职业教育局统筹职业教育，但于1975年被撤销，相应责任由中等教育局和高等教育局共同承担。1982年，菲律宾颁布的《1982年教育法令》批准成立职业技术教育局，为职业技术教育提供统一的政策方向、指导方针和计划，以改善职业技术教育及支持机制。1985年，职业教育技术局开始运行。[3] 1994年，菲律宾政府颁布《技术教育与技能发展法》[4]，推动了政府部门、产业部门和职业技术教育与培训机构的合作发展，为菲律宾本国职业技术教育发展和与国际接轨打下了基础。

1994和1995年，高等教育委员会、技术教育与技能发展局（Technical

---

[1] 王婉希. 20世纪90年代以来菲律宾职业技术教育的改革研究 [D]. 杭州：杭州师范大学，2023.
[2] 张珣. 菲律宾职业技术教育研究 [J]. 太原城市职业技术学院学报，2013（5）：31-33.
[3] 韦国锋. 菲律宾职业技术教育概述 [J]. 外国中小学教育，1994（6）：37.
[4] 中国—东盟中心：东盟国家教育体制及现状 [M]. 北京：教育科学出版社，2014：179.

Education and Skills Development Authority，TESDA）建立，分别管理高等教育（包括高等职业教育）和中学后技术和职业教育培训、中等劳动力的培养，以及离校青年和成年失业者的技能定位、训练和开发。[1]

2000年以来，为进一步提高职业技术教育技能和培训的质量，菲律宾技术教育与技能发展局制定和实施了《国家技术教育和技能发展计划》，每四到五年一轮。[2]

2012年，菲律宾政府颁布菲律宾国家资格框架（Philippine Qualifications Framework，PQF），涉及基础教育、职业教育和高等教育三大领域，实现了职业教育与普通教育之间的灵活衔接，促进了菲律宾职业教育和国际证书和文凭的互认。资格框架中技术教育与技能发展子系统涵盖与前4个级别相对应的国家证书，而高等教育委员会子系统涵盖与6—8级相对应的学士学位、学士后学位、博士学位和博士后。

2014年11月21日，菲律宾国会在第十六次代表大会中签署《加强职业教育与培训和高等教育之间阶梯式衔接的决案》（简称《阶梯化教育法》）。[3]该法的颁布推动了菲律宾职业技术教育与高等教育的互联互通，在入学和毕业方面给予学生和劳动者更多选择权，使其拥有更多接受职业技术教育与培训的机会，满足不断提高的职业技能诉求，拥有更多就业及升学的机会和渠道。

（二）形成职业技术教育培训体系

菲律宾以能力为基础的职业技术教育培训（Technical and Vocational Education and Training，TVET），其战略性设计旨在满足劳动力市场需求，

---

[1] 资料来源于菲律宾教育部。
[2] 资料来源于菲律宾技术教育与技能发展局官网。
[3] 资料来源于菲律宾技术教育与技能发展局官网。

并为技术不熟练的本土劳动者提供体面的就业机会和个人晋升机会。菲律宾 TVET 体系基于行业专家制定的能力标准运行。能力标准与培训标准以及每项资格的评估和认证安排共同构成培训条例，在国家报纸上发布并上传到技术教育与技能发展局网站。能力标准的开发和 TR 的开发与部署均由经过 ISO9001：2008 认证的质量保证程序管理。

为保证 TVET 系统高质量运行，菲律宾政府发布《有质量保证的技术教育和技能发展框架》。该框架遵循以下十个原则。一是国家发展计划中阐明的国家发展优先事项是技术教育与技能发展局委员会制定国家 TVET 政策和优先事项的基础。二是 TVET 系统由来自行业要求和规范的能力标准和培训法规驱动，并以技术教育与技能发展局董事会确定的 TVET 优先事项为指导。三是培训条例是最低国家标准，是开发基于能力的课程和学习包、能力评估工具和标准以及培训师和评审员的培训和资格的基础。四是访问系统的客户是多元化的，包括失业者、未充分就业者、新进入者、技术职业机构和企业培训提供者。五是培训质量以高效和统一的 TVET 计划注册和认证系统为前提。六是纳入基于能力的菲律宾 TVET 资格和认证系统作为授予包括培训师和评估员证书在内的国家证书的基础。七是通过整个教育系统内的等效系统认可通过替代方式和相关工作经验获得的先前能力。八是将就业和生产力提升作为职业技术教育培训体系的终极指标，有效实现劳动力供需的有效匹配。九是技术教育与技能发展局通过财务资源管理、人力资源开发、物质资源管理、信息管理、营销和宣传、行政管理、客户反馈、外部关系管理和环境问题来增强 TVET 部门的能力。十是在质量管理体系中运行整个系统，以确保持续改进。[1]

---

[1] 资料来源于菲律宾资历框架网站。

二、职业教育的现状

经过约两百年的发展，菲律宾现已形成成熟的职业教育体系，具有鲜明的办学理念和办学结构、发布了适合本国国情的能力标准，具备较大的职业教育规模。

（一）办学理念

菲律宾的职业技术教育最大初衷是通过职业技术教育，提高教育普及率，减少文盲率，提升就业率，减少贫困与社会不稳定因素，进而推动国家经济社会发展。

在菲律宾教育部进行的一项关于学生典型发展进程的报告显示，进入小学一年级的100个学生中，有66人从小学毕业；随后58人进入中学，其中43人从中学毕业，15人会成为校外青年；在43个中学毕业生中，23人进入大学学习，10人接受职业技术教育，10人退学。[1]从各教育阶段毕业或退学的学生，甚至大学毕业生都是职业技术教育的潜在对象。

基于提高教育普及率和就业率的目标，菲律宾技术教育与技能发展局依照法律为中层劳动力制定一个中期（六年）计划，该计划将指导所有利益相关者以发展中层劳动力（利益相关者包含政府、行业、学术界、地方和国际组织、学生和公众等）。《2018—2022年国家技术教育和技能发展计划》是第四个此类计划，目的是动员和鼓励各行业的充分参与。该计划作为指南针，为职业技术教育培训的参与者、推动者和领导者制定响应政策提供信息。

此外，为了向全国所有地区入学者提供直接财政援助来解决公平和机

---

[1] 资料来源于菲律宾技术教育与技能发展局官网。

会问题、将资源引导向紧缺技能人才的培养、提高职业教育效率和学员就业率，技术教育与技能发展局提供了系列职业教育奖学金项目，如私立教育学生资助、工作培训奖学金、就业专项培训计划、水稻推广服务计划、椰子农民奖学金计划等。[1]

（二）办学结构

在菲律宾，基础教育、高等教育和职业技术教育三足鼎立，分别由教育部、高等教育委员会、职业教育与技能发展局独立管理，实现更高效的运作。[2] 菲律宾教育系统采用阶梯式教育系统，学生可以在接受技术或职业教育后进一步攻读学位课程。

依照经费来源划分，菲律宾的职业技术教育包含私立教育和公立教育，私立教育在菲律宾职业技术教育中占主流。截至2022年12月，共有4 631个技术与职业教育培训提供者，其中4 197家是私营机构（占比90.63%），434家是公立机构（占比9.37%）。公立机构中有184个技术教育与技能发展局技术机构，占公共提供者总数的42.40%，比上一年下降了2.32%。[3]

依照办学方式划分，菲律宾职业技术教育可分为正规和非正规。为增强菲律宾的职业技术教育与培训的项目机构多样性和教学模式多样化，公立院校、私立院校、企业、工作团队、政府部门和社会团体等都可以是开办单位，教学和培训模式主要包含基于职业学校、基于技术教育与技能发展局培训中心、基于社区以及基于企业四种类型。[4] 其中，基于社区的教育项目和基于学校的教育项目是主要模式。正规职业技术教育通常由公立或

---

[1] 资料来源于菲律宾技术教育与技能发展局官网。
[2] 吴秋晨，白滨，朱晓琳. 菲律宾职业教育发展的现状、挑战与趋势 [J]. 中国职业技术教育，2019，（15）：81-85.
[3] 资料来源于菲律宾技术教育与技能发展局官网。
[4] SYJUCO A. The Philippine technical vocational education and training (TVET) system [Z]. Philippines: Technical Education and Skills Development Authority. Manila: TESDA, 2006: 2.

私立的职业技术学校负责，教育时长由半年到三年不等；非正规职业技术教育通常由行业、非政府机构、私立培训机构负责的短期培训项目，一般不超过六个月。[1] 此外，技术教育与技能发展局教育与培训机构也会直接向社会提供培训项目。[2] 自 2012 年 5 月起，技术教育与技能发展局开始上线网络课程。截至 2018 年 12 月 31 日，注册用户已达 1 269 973 人，其中 2018 年新注册用户 155 528 人。[3] 虽然菲律宾职业技术教育实施机构和模式存在多样性，但因其拥有统一的能力标准、课程内容和评价认证标准，教育质量并未受到影响。

（三）能力标准

在菲律宾资格框架中，含有一套完整的符合国内和国际基准的框架，用以评估和认证中等熟练工人的能力——菲律宾职业技术教育资格框架。菲律宾职业技术教育资格框架设立了四级资格证书，由低到高分别为国家证书一、国家证书二、国家证书三、国家证书四。菲律宾职业技术教育资格框架设立有三个目标：统一国家标准和教育成果水平；支持发展和维持能够获得资格的途径，并帮助个人在不同教育和培训部门之间、部门与劳动力市场之间自由流动；使国内资格标准与国际资格框架保持一致，提高对菲律宾资格的价值和可比性的认可，支持菲律宾学生和劳动者的流动性（见表 7.1）。

---

[1] ABDELKARIM A. Technical and vocational education and training in the Philippines: experience and views of trainees [J]. International journal of manpower, 1997 (18): 675-701.

[2] 资料来源于菲律宾技术教育与技能发展局官网。

[3] 资料来源于菲律宾技术教育与技能发展局官网。

表 7.1 职业技术教育资格与 PQF 资格对照 [1]

教育领域	国家证书	PQF 等级	PQF 级别描述符
职业技术教育与培训	国家证书一	一级	以手工、具体、实用和操作为重点的知识和技能； 适用于在有限范围内高度熟悉和可预测的环境中设置的活动； 涉及通过遵循既定规则、指南或程序解决的简单、常规问题； 在有非常密切的支持、指导或监督的情况下完成； 需要最低限度的判断或自由裁量权。
	国家证书二	二级	以手动、实用和操作为重点的知识和技能，具有多种选择； 适用于在有限范围内高度熟悉和可预测的环境中设置的活动； 涉及通过遵循既定规则、指南或程序解决的简单、常规问题； 在有非常密切的支持、指导或监督的情况下完成； 需要最低限度的判断或自由裁量权。
	国家证书三	三级	以手动或具体或实用和/或操作为重点的知识和技能； 应用于一系列熟悉和可预测的环境中的活动； 通过从一系列既定规则、指南或程序中选择并遵循来识别和解决的日常问题； 在有大量支持、指导或监督的情况下完成； 需要有限的判断或自由裁量权。
	国家证书四	四级	平衡理论和/或技术与实践的知识和技能； 需了解工作流程、帮助解决问题、做出决定来确定要使用的流程、设备和材料等； 适用于在一些不熟悉或不可预测的方面设置的活动中； 涉及常规和非常规问题，通过解释和/或应用已建立的指南或程序来识别和解决； 此级别的应用可能涉及个人责任或自主权，和/或可能涉及对他人的某些责任，可能涉及参与团队，包括团队或小组协调。

---

[1] 本章中表 7.1—7.9 的资料均来源于菲律宾技术教育与技能发展局官网。

续表

教育领域	国家证书	PQF 等级	PQF 级别描述符
职业技术教育与培训	国家证书五	五级	理论和/或抽象的知识和技能,在一个或多个领域具有显著的深度; 为非常规或应急性质的技术解决方案做出贡献; 评估和分析当前的做法以及制定新的标准和程序; 应用于在一系列背景下设置的活动,大部分涉及许多不熟悉和/或不可预测的方面; 主要涉及非常规问题,使用需要解释和/或调整的指南或程序来解决; 在组织自己和他人的活动时涉及一些领导和指导。

培训章程是在与各行业协商的基础上,由技术教育与技能发展局开发的行业能力标准、培训内容标准、评价与认证要求等构成。学生完成培训章程的学习并通过评估后,可依照菲律宾职业技术教育资格框架确定的四级资格证书获得相关的国家资格证书。能力标准是培训章程的重要组成部分,由技术教育与技能发展局与行业合作起草并颁布,下设基本能力、通用能力、核心能力和可选能力四部分,每种能力均由若干个能力单元(包含知识、技能、态度等)组成。[1]

(四)教育规模

1. 学生规模

根据菲律宾技术教育与技能发展局发布的报告可知,菲律宾职业技术教育学生规模在2016—2019年稳步增长,但在2020年,受新冠肺炎疫情冲击,学生规模大幅下降。以下为2016以来菲律宾职业技术教育学生规模变化情况。

---

[1] 鞠慧敏,王文槿. 菲律宾职业技术教育与培训的特色及启示[J]. 外国教育研究,2012,39(9):81-88.

从 2016—2019 年，TVET 入学人数和毕业生人数稳步增长。然而在 2020 年，由于新冠肺炎疫情，招生和毕业生人数急剧下降（见表 7.2）。

表 7.2 2016—2020 年的新入学人数和毕业生人数

年份	新生	毕业生
2016	2 269 665	2 151 236
2017	2 298 744	2 065 697
2018	2 385 473	2 252 208
2019	2 488 922	2 240 750
2020	802 218	715 158

2018—2019 年和 2019—2020 年的完成率也略有下降，分别下降约 4.4% 和 0.9%（见表 7.3）。

表 7.3 2016—2020 年学业完成率

年份	2016	2017	2018	2019	2020
完成率	94.8%	89.9%	94.4%	90.0%	89.1%

2016—2020 年，女性在入学率和毕业生人数上均超过男性，平均差异为 6.3%（见表 7.4）。

表 7.4 2016—2020 年按性别分列的入学人数

年份	新生			毕业生		
	男	女	总计	男	女	总计
2016	1 060 463	1 209 202	2 269 665	1 004 457	1 146 779	2 151 236

续表

年份	新生			毕业生		
	男	女	总计	男	女	总计
2017	1 081 950	1 216 794	2 298 744	964 301	1 101 396	2 065 697
2018	1 108 402	1 277 071	2 385 473	1 041 349	1 210 859	2 252 208
2019	1 156 128	1 332 794	2 488 922	1 026 913	1 213 837	2 240 750
2020	391 623	410 595	802 218	349 361	365 797	715 158
总计	4 798 566	5 446 456	10 245 022	4 386 381	5 038 668	9 425 049

从培训地点来看，2016—2019年，大部分学员和毕业生来自社区培训。然而，2020年的数据显示，基于机构的培训略高于基于社区的培训5.4%。这可能主要因为新冠肺炎疫情的暴发限制了社区培训的开展，2020年大部分地区都处于封锁状态。在过去五年中，基于企业的培训仍然是最低的注册人数，占总注册人数的3.5%。不同培训地点的毕业人数变化与入学注册人数变化趋势相似（见表7.5）。

表7.5 2016—2020年按培训地点划分的入学注册与毕业人数

年份	学生	基于社区	基于机构	基于企业
2016	入学	1 045 563	1 151 644	72 458
	毕业	1 026 582	1 057 574	67 080
2017	入学	1 165 628	1 059 818	73 298
	毕业	1 126 311	872 721	66 665
2018	入学	1 355 107	942 841	87 525
	毕业	1 276 837	897 799	77 572
2019	入学	1 109 245	840 295	97 517
	毕业	1 030 095	701 042	86 842

续表

年份	学生	基于社区	基于机构	基于企业
2020	入学	307 498	342 836	26 616
	毕业	289 148	281 820	20 582

2016—2020年，公立院校的入学人数和毕业人数多于私立院校（见表7.6）。

表7.6 2016—2020年私立和公立职业院校的注册人数和毕业人数

年份	学生类别	私立院校	公立院校
2016	入学	1 037 442	1 232 223
	毕业	943 899	1 207 337
2017	入学	1 077 944	1 220 800
	毕业	941 485	1 124 212
2018	入学	1 118 463	1 267 010
	毕业	1 064 428	1 187 780
2019	入学	1 033 492	1 455 430
	毕业	886 029	1 354 721
2020	入学	343 035	459 183
	毕业	302 260	412 898

2017—2020年，TVET机构的数量有所增加。即使如此，2020年，全国只有约10%的培训机构是公共培训机构，而90%或大部分是私立培训机构（见表7.7）。

表 7.7 2016—2020 年公立和私立职业院校数量

年份	公立院校	私立院校	总计
2016	391	3 684	4 075
2017	341	3 633	3 974
2018	353	3 866	4 219
2019	404	3 983	4 387
2020	433	4 001	4 434

2014—2016 年毕业生就业率稳步上升，2016—2017 年略有下降，但 2018 年就业率大幅增长。然而，在 2019 年这一情况却有所改变，由于新冠肺炎疫情的暴发，2019 年的就业率骤降（见表 7.8）。

表 7.8 2014—2019 年菲律宾职业教育毕业生就业率

年份	就业率
2014	66.2%
2016	71.9%
2017	68.6%
2018	84.2%
2019	70.5%

2019 年各行业就业率是三年内的峰值。2020 年，受新冠疫情影响，约三分之一的行业就业率低于 2018 年（见表 7.9）。

表 7.9 2018—2020 年按行业划分的毕业生就业率

行业	按年份划分的就业率（%）		
	2018 年	2019 年	2020 年
农业、林业和渔业	79.35	88.57	77.11
汽车和陆地运输	75.83	85.12	76.01
建设	70	76.23	74.57
装饰工艺品	94.46	—	100
电气和电子	65.89	82.61	68.55
鞋类和皮革制品	97.24	100	82.9
服装	76.59	86.67	83.55
供暖、通风、空调和制冷	87.23	100	74.39
人类健康/保健	71.35	88.39	71.92
信息和通信技术	72.23	83.54	64.46
语言	70.47	88.89	64.42
海事	73.28	88.72	55.34
金属与工程	64.24	82.56	68.82
加工食品和饮料	58.62	—	73.4
社会、社区发展和其他服务	77.81	86.02	64.15
旅游业（酒店和餐厅）	60.14	82.43	67.42
职业技术	83.51	86.59	87.8
公用事业	—	47.85	100
视觉艺术	—	93.22	50.5
批发和零售贸易	67.73	88.69	90.98
其他	66.44	72.73	72.25
总计	68.58	84.15	70.51

总体而言，2016—2019年，职业技术教育的入学、毕业生、评估和认证数量显著增加。2020年菲律宾职业技术教育各项数量减少，可归因于新冠肺炎疫情，虽然技术教育与技能发展局已经制定了实施灵活学习的指导方针，但不同地区的隔离状况仍然影响了培训项目的开展。基于此，技术教育与技能发展局规划办公室提出两点建议：一是探索更加多样化的学习方法，以使职业技术教育在新常态下更具响应性和灵活性；二是弹性学习实施一年后，机构已经可以对其实施情况进行快速评估，以确定对培训机构/提供者、受教育者、行业/公司以及职业技术教育系统等的影响。

就行业分类而言，2020年，农业、林业和渔业的入学人数和毕业生人数最多。这可以归因于菲律宾确定的优先发展行业，即在解决本国粮食安全问题时，尤其是在疫情期间，农业、林业和渔业等行业优先发展。

2．教师

菲律宾政府通过了菲律宾TVET培训师和评审员资格框架，为培训师和评审员培训的实施、能力的评估、培训的设计和监督提供依据。据统计，截至2022年12月，全国共有13 535名能力评审员和8 134个评估中心，与2021年报告的12 616名能力评审员和6 556个评估中心相比，分别增长了7.28%和24.07%。大多数评审员来自以下专业：驾驶专业（740人；5.47%），面包和糕点生产专业（708人；5.23%），手工电弧焊专业（693人；5.12%）。截至2022年12月31日，共有38 337人持有效的国家职业教育培训师证书（NTTC）。[1]

---

[1] 资料来源于菲律宾技术教育与技能发展局官网。

第二节 职业教育的经验

菲律宾职业技术教育自 20 世纪 90 年代起得到快速规范发展,三十年间,职业技术教育发展收获以下几点经验:设立专门部门统筹规划、助力本国教育扶贫、做强做优特色专业、开展跨国合作。

一、设立专门部门统筹职业教育发展

20 世纪 90 年代,菲律宾设立专门部门"技术教育与技能发展局"统筹全国职业技术教育发展,菲律宾职业技术教育各项工作开展进入规范化阶段。

1994 年 8 月 25 日,为鼓励行业、劳工、地方政府单位和技术职业机构充分参与国家人力资源的技能开发,时任菲律宾总统菲德尔·拉莫斯签署通过第 7796 号共和国法案,也被称为"1994 年技术教育与技能发展法案"。基于此法案,技术教育与技能发展局成立。

菲律宾技术教育和技能发展局工作的开展,特别是政策制定和计划批准,取决于董事会。董事会由劳工和就业部长担任主席,并由教育(基础)和贸易和工业部长担任联合主席,董事会成员的组成确保它由私营部门领导或主导。

技术教育与技能发展局主要围绕以下五大方面展开工作:促进和加强技术教育与技能发展计划的质量,以获得国际竞争力;将技术教育与技能发展重点放在满足不断变化的优质中层人力需求上;鼓励批判性和创造性思维;承认并鼓励公共私营机构在技术技能开发和培训系统中的互补作用;通过培养道德品格,强调职业道德、自律、自力更生和民族主义,树立理想的价值观。

目前，技术教育与技能发展局已经发展成为一个响应迅速、有效且高效地向其客户提供各种服务的组织。为了完成多管齐下的使命，技术教育与技能发展局董事一直在制定战略和计划，以对各个领域、行业部门和机构的人力发展产生最大影响。

二、做强本国职业教育专业特色

菲律宾职业技术教育现已发展出一套成熟的专业体系，结合职业特色开设课程、开展培训，形成了一批优势特色专业。例如，菲律宾的家政专业享誉全球，"菲佣"成为与菲律宾紧密相连的特色名词，尤其是受过高等教育的家政教育毕业生在国际市场上具有绝对优势。[1]

在菲律宾职业技术教育中，家政教育扮演了相当重要的角色。在菲律宾国内现有的2 000多所大学里，几乎每所都设有家政课程，甚至开设有独立的家政学专业和家政学院（系）。菲律宾的大学阶段家政教育课程设置十分全面，将家政教育细化为多个独立的专业，覆盖了家庭教育、家居管理、生活哲学、烹饪制作等领域。其中，菲律宾国立大学的家政教育堪称高等家政教育的"世界典范"，其家政专业的水平在世界上享有盛名。

三、助力本国教育扶贫

职业技术教育是菲律宾开展教育扶贫的重要渠道。菲律宾发挥政府主导作用，实施职业教育扶贫问责制，同时加强职业教育机构的监督与管理，

---

[1] 鞠慧敏，王文槿. 菲律宾职业技术教育与培训的特色及启示 [J]. 外国教育研究，2012, 39（9）: 81-88.

大力推进职业教育师资培训和实施严格的职业教育质量管理制度，为职业教育扶贫提供有力保障。2016 年 8 月，菲律宾技术教育与技能发展局提出多项职业教育扶贫政策，例如实施"镇级技能培训计划""特别技能培训计划""道德重塑"计划、提供奖助学金、强化职业教育机构间合作、职业教育扶贫信息化等，致力于培养优质熟练劳动力，提高就业率，减少贫困人口。[1]

四、开展国际合作

菲律宾政府积极开展职业技术教育的国际交流与合作，接受发达国家的教育援助，助力本国职业技术教育发展。菲律宾政府与韩国政府建立的友好合作关系是菲律宾职业技术教育国际交流合作的典型案例。

根据菲韩两国于 1983 年签署的经济技术合作协议，韩国政府为该项目的实施提供了 500 万美元的赠款援助，其中包括在达沃市特斯拉地区培训中心大楼建设、提供设备、在韩国培训菲律宾培训员并向菲律宾派遣韩国专家。执行机构是韩国政府的韩国国际协力事业团和菲律宾政府的技术教育与技能发展局。2003 年 6 月 3 日两国代表在韩国首尔签署新的合作协议，在菲律宾达沃市设立韩国-菲律宾职业培训中心，该中心于 2005 年投入使用。

该项目的目标是促进菲律宾劳动力的技能发展。具体而言，该项目旨在培训和教育菲律宾农业和工业发展所需的熟练劳动力，并为棉兰老岛的区域发展做出贡献，为农民、农民子女、合作农场工人、非熟练企业农场工人、妇女、经济困难者、失业者和被裁减的工人为农业专业人员、技

---

[1] 资料来源于菲律宾技术教育与技能发展局官网。

人员和工人提供升级培训，以满足支持农业部门的需求和技能要求。[1]

第三节 职业教育的挑战和对策

面对世界经济的全球化与信息化大趋势，菲律宾职业技术教育面临着就业率不高、劳动力市场供需不匹配、本国特色与国际影响力不足、教学方式、专业结构和管理面临转型升级等挑战，虽然政府采取了相应对策，但依然任重道远。

一、职业教育面临的挑战

（一）就业率有待提升

在菲律宾，职业教育学生就业存在困难，主要有以下三个原因。其一，菲律宾国内社会普遍更加看重高等教育学历和文凭，对职业教育在劳动力市场中的重要性认识不足，导致职业教育地位较低，并非学生的首选。所以，即使菲律宾职业教育毕业生合格率高达88%，就业率也仅达到61%。[2] 其二，职业教育的质量不高和学校学习与企业实际工作实践相脱离，导致职业教育毕业生的就业市场有限。其三，技术工人技能的国际化程度较低，在国际竞争中不具备优势。同时，菲律宾工人大量外流也造成了本国技术人才流失，影响了合格和熟练工人的储备。因为就业率不高，职业技术教育培训者面临着长期的批评，被认为是在提供和生产低水平的技能和技术教育。

---

[1] 资料来源于菲律宾技术教育与技能发展局课程官网。
[2] 资料来源于青年政策工具箱官网。

随着经济社会快速发展，企业等雇主对职业技术岗位的需求定位愈加精准、对应聘者的技术技能水平和综合素质要求越来越高，但由上段提及的几个原因导致劳动力市场供需不匹配。同时，有限的资金和其他资源限制导致某些行业（如特殊人群、再失业人群、残疾人、农民等弱势群体）没有被菲律宾职业技术教育培训关注和覆盖，产生大量难就业劳动力。

（二）职业教育面临转型升级

全球进入信息化时代，职业技术教育的教育教学方式面临着信息技术的挑战，传统的教育教学模式已不能满足新时代的人才培养需求。目前，菲律宾教育信息化水平较低，但需要接受职业技术教育的学生与劳动者数量众多、分布广泛，当下受时空限制的传统教育教学方式限制了职业技术教育的普及和发展，也制约着适应劳动力市场变化的新工种人才的培养。

菲律宾职业教育专家认为，信息化全球化时代下技术的快速进步使许多工作变得过时，这将使该国的职业技术教育提供者难以应对和赶上创新、技术变革和先进劳动力技能要求的快速步伐。一方面，新技术的发展对产业技能结构、就业结构和人力资源供给提出新要求；另一方面，除了技术自身的升级，从业者技术理念的创新也需要与时俱进。

除了专业结构上面临的职业教育面临的挑战，菲律宾政府的管理也面临着挑战，影响了其质量的提升。一方面，国内对职业教育的重视和管理程度不足；另一方面，不断扩大的职业教育规模对测评工作和质量保障提出了更高的要求。由于测评业务工作量较大而评审员相对较少，所以在测评过程中很难按照要求保证质量。过去颁布的一些费用标准尚未根据当前实际情况进行调整，因而很多情况下评估中心收取的费用不足以支付其成本，这进一步降低了评审员的工作积极性。虽然评估中心是技术教育与技能发展局下属的能力测评服务部门，但是只有地区级评估中心受到技术教育与技能发展局的直接管理。[1]

（三）国际影响力有待提升

菲律宾职业技术教育的国际化成绩不俗，职业资格认定与国际接轨顺畅，同时也面临未在国际有关研究中形成典型经验的挑战。国际上比较有名的职业教育体系制度受到多国推崇与学习，例如德国职业教育模式有著名的双轨制、学徒制、学习领域课程模式，国际劳工组织制定了 MES 模式（"劳动技能模块化课程"），澳大利亚职业教育将职业教育及职业训练合为一体开发了 TAFE 模式（"职业与继续教育"）和"培训包"，加拿大职业教育定位于能力本位教育、产业化教育和多元化教育且开发了 CBE 模式（"能力本位教育课程"）。

劳动力技能供应在全球的占有地位逐渐丢失是菲律宾职业技术教育国际影响力下降的第二个重要体现。菲律宾曾主导整个世界的海员供应，但由于全世界对海员的需求不断增加，船主已经开始从其他国家寻找船员，特别是中国和印度。[2]

二、职业教育的应对措施

针对以上挑战，菲律宾政府采取了一些应对措施。

---

[1] BATEMAN A, COLES M. Towards quality assurance of technical and vocational education and training [M]. Paris: UNESCO, 2017: 176-180.

[2] PAPONG E，孟莹. 菲律宾职业技术教育与培训改革探析 [J]. 职教通讯，2013（31）：39-43.

（一）搭建资格框架，建立监管评价机制

菲律宾政府搭建了较为完善的资格框架和监管评价机制，结合资格水平评估和认证和职业技术教育项目注册与鉴定保障职业技术教育质量。在评估国家技术教育和技能发展计划实施成效时采用了证书获得率和就业能力作为绩效指标，并且还基于 TVET 项目登记和鉴定系统对职业技术教育项目进行注册与鉴定。菲律宾政府还制定了 EER 评估框架（响应度、高效性和有效性）、"影响评估研究""雇主满意度调查"和"雇主及产业对于评估和认证的认可度"等评价方式。

（二）实施国家技术教育和技能发展计划

自 2000 年以来，菲律宾政府实施了五轮国家技术教育和技能发展计划，有重点有针对性地开展职业技术教育培训，尤其在某些已明确的重点项目中加强职业培训力度，如扩大和推广有关农渔业培训项目等。该计划将提高全球竞争力、农村改革发展和促进社会融合作为职业教育的重点发展方向，将"培养世界一流并具有积极工作价值观的技术熟练劳动力，从而建设繁荣富强的菲律宾，为公民提供经济安全、更多社会福利和体现个人尊严的生活"作为目标。[1]

《2023—2028 年国家技术教育和技能发展计划》的重点是创建面向未来的职业技术教育与培训计划，推进阶梯式教育，并寻求合作，增加基于企业的培训，特别强调双元制培训系统、学徒制和学习制，并承认 NGA、技术职业机构和高等教育机构（包括州和地方大学和学院）提供的相关课程。农业、制造业（包括食品制造和电子产品）、创意产业、健康、运输和

---

[1] 岑东莲. 菲律宾职业技术教育体系的研究[D]. 南宁：广西师范大学硕士论文，2014.

物流、能源、旅游、信息和通信技术和IT-BPM、建设、教育等十个行业领域作为菲律宾国内的主要就业创造者，被确认为优先发展领域。具体措施如下。

第一，要建立创新中心。在一些地区建立电视与职业教育创新中心将为区域经济带来收益。政府应鼓励社区培训和就业协调员在监测和解决当地技能需求方面发挥作用，并将其制度化以支持技术教育和技能发展局的去中心化战略。

第二，提高人力资源质量。政府通过提高资格和技能要求以及更新培训要求来提高职业教育人力资源的质量。可以通过增加奖学金资金来实现这一目标，从而改善人力资本概况。

第三，制定终身学习政策。为了适应社会和技术的变革，政府制定终身学习政策，使其符合未来趋势、灵活且互联、符合标准且与产业相关。具体措施包括加强菲律宾资格框架国家协调委员会建设，完善其治理结构，设立秘书处，优化预算支持机制，开展试点项目、制定监测和评估机制，对菲律宾资格框架进行必要的修订。

第四，促进就业和劳动力市场发展。重点是加强对优先部门的技能需求预测、加强针对弱势群体的就业计划、提供区域性且以需求为导向的技能培训、继续实施针对青年群体的就业干预措施。

第五，解决劳动力市场歧视问题。制定政策和程序来解决工作场所、教育和培训中存在的各种形式的劳动力市场歧视问题，并建立一个可访问的系统来收集和报告此类投诉。

此外，菲律宾政府鼓励还鼓励地方政府去规划并实施终身学习计划，确保它们与国家终身学习政策保持一致。[1]

---

[1] 资料来源于菲律宾技术教育与技能发展局官网。

第八章 成人教育

第一节 成人教育的发展和现状

一、成人教育的发展历程

在西班牙和美国殖民统治时期，殖民者对菲律宾开展的教育其本质上都是一种"同化教育"，但这些教会学院和各级各类院校的建立为菲律宾之后的成人教育项目奠定了一定的基础。

1926年，菲律宾政府对50.8%的文盲率感到不安，由此开始了第一次成人扫盲行动。此后，菲律宾政府为了促进公民教育和成人扫盲行动，发起一项旨在教会1 000名成人阅读和写作的项目。该项目由菲律宾大学校友开展，在马尼拉的不同地区不断扩散开来，并增开了额外的教学内容如服装制作、编织和绘画等。

1936年10月，菲律宾联邦创建成人教育办公室。成人教育办公室接手上述项目后，组织了466个社区集会、586个公民学习小组、1 322个成人职业俱乐部。[1]

1990年，世界全民教育大会在泰国宗迪恩举行，会议通过了《世界全民教育宣言》。该宣言的主要目标包括：必须向所有儿童、青年和成人提供

---

[1] ADELAIDA C. Gines. Professionalization of adult educators: the Philippine experience [J]. American international journal of social science, 2013(12): 153.

基础教育；通过多种形式满足青年和成人多样化的学习需求；扫盲教育不可缺少，因为读书识字本身就是一种必要的技能，同时也是其他生活技能的基础；学习母语可以巩固其文化特性。[1] 2000 年，在塞内加尔举行的世界教育论坛通过了《达喀尔行动纲领》。该纲领的亚洲地区教育目标中提到成人扫盲与技能教育计划：应将技能教育融入相关教育计划，为校外的青年和成人提供学习计划。[2]《世界全民教育宣言》和《达喀尔行动纲领》目标不仅为菲律宾成人教育铺平了道路，还为进一步实施菲律宾成人教育指明了方向。

菲律宾成人教育的相关学习项目于 1999 年在亚洲开发银行的帮助下正式启动。该系列成人教育学习项目隶属于菲律宾"替代性学习系统"（ALS）。2001 年，菲律宾政府签署的《基础教育治理法案》提出了"替代性学习系统"作为菲律宾教育系统的一种平行学习系统，为现有的正式教育教学以外的成人教育（非正式教育）提供可行的替代教育方案。2013 年，菲律宾政府签署的第 10533 号共和国法案重申"替代性学习系统"是菲律宾基础教育的一部分，受法律保护。2016 年，菲律宾教育部重组时，"替代性学习系统"项目合并到中小学教育部门，组成"替代学习系统"部门。该部门主要负责成人教育教学内容的课程开发、教师管理以及学习项目的交付与运营。[3]

近年来，基本所有 6 岁的适龄儿童都能入学，但只有大约 80% 的小学生能完成 6 年的小学学业；只有三分之一的学生按时进入初中学习，这些学生中又有三分之一在升到十年级之前辍学。辍学的学生往往无法获得进一步的正规教育或职业培训，因此许多人在当地从事工资低、工作不稳定的

---

[1] 世界教育论坛. 达喀尔行动纲领 [R]. 达喀尔，2000（4）：76.

[2] 世界教育论坛. 达喀尔行动纲领 [R]. 达喀尔，2000（4）：16.

[3] KONISHI M, PATRINOS H, BENVENISTE L, POSTRACE A, AL-SAMURAI S. Republic of the Philippines alternative learning system study alternative and inclusive learning in the Philippines [R]. Washington DC: The World Bank Group, 2016: 35.

非技术职业。[1] 在 16—26 岁的目标群体中，三分之二的人是有工作的，要想让这些未完成学校学业的青年参加成人教育的学习项目，国家需要大量的资金支持以降低目标群体的机会成本。[2] 可以说，菲律宾政府的成人教育成为补给菲律宾人力资源技能培养的重要力量。

2012 年，菲律宾政府提出了通过对职业教育和成人教育的现代化改革加强终身学习体系的计划，颁布了国家资格框架。该框架包括入门级、初级、中级、高级、专业级、硕士级、博士级等多个层次。通过完成不同层次的学习和认证，学习者可以获得相应的资格证书，这些证书在就业市场上具有一定的认可度和竞争力。同时，资格框架的建立也促进了教育资源的合理配置和高效利用，为菲律宾的教育事业发展提供了有力支持。

二、成人教育的现状

（一）主管机构

菲律宾的多个部门中有相应机构负责管理成人教育。教育部下设替代教育局为那些因为种种原因而没有完成基础教育的青年和成人提供识字教育培训和相关生计技能教育，使其具备必要的基础教育，成为有责任感的、多才多艺的社会一员。高等教育委员会设有相应的成人教育工作机构和人员，负责包括成人高等教育在内的公、私立高等教育机构以及高等教育机构学位项目的监管，制定发展计划与政策。技术教育与技能发展局有部门

---

[1] IGARASHI T, ACOSTA P, TIONGCO M, PAQUITO V. A second chance to develop the human capital of out-of-school youth and adults: the Philippines alternative learning system [R]. Washington DC: The World Bank Group, 2018: 1.

[2] KONISHI M, PATRINOS H, BENVENISTE L, POSTRACE A, AL-SAMURAI S. Republic of the Philippines alternative learning system study alternative and inclusive learning in the Philippines [R]. Washington DC: The World Bank Group, 2016: 60.

专门负责离校青年和失业青年的技能定位、培训与开发工作,帮助每个人获得在自己独特的社会生活方式与生存条件中发挥其作为社会一员的潜力。此外,菲律宾每个大区设有督学专管非正规教育,每个省也有相应工作人员负责管理成人教育。同时,为了成人教育的协调发展,菲律宾还专门成立了全国统一的"非正规教育社团成人教育协会"。

以教育部下设替代教育局主管的"替代学习系统"(ALS)为例说明学习项目的运行流程,详见图8.1。

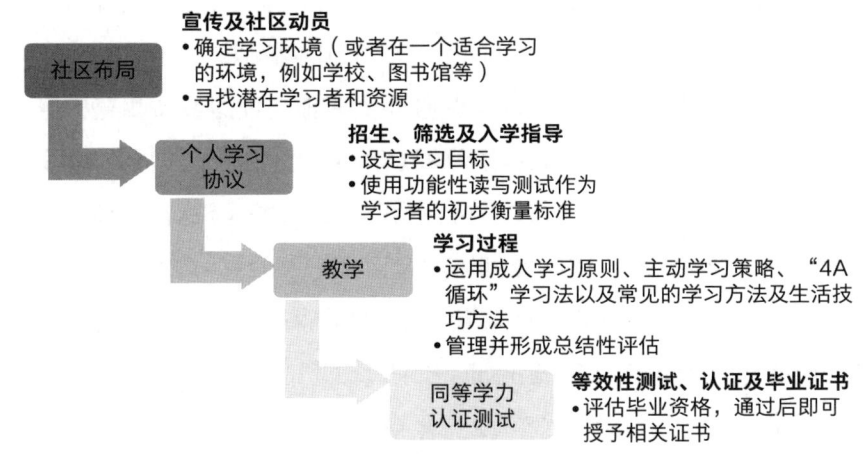

图 8.1 ALS 学习项目运行流程

(二)师资

参与菲律宾成人教育教师主要由三部分组成。一是由教育部雇用实施成人教育学习项目的教师;二是由地方政府为成人教育学习项目雇用的教师;三是由私营部门(非政府组织、民间社会组织或个人)资助的学习项目带来的教师。

菲律宾成人教育教师专业化主要是指允许通过各种能力测试及其他专业要求进入到成人教育各个项目之中、由专业机构来评估教师工作资格

（知识水平、教学能力、职业道德、工作态度、性格等）和工作成果（提高成人识字率、实现功能性读写能力和生活技能）。对教师专业资格认证的机构包括菲律宾高等教育委员会、菲律宾教育部、技术教育与技能发展局。这些机构对教师完成相关的教学实践工作或应具备的相应能力水平进行资格认证。例如，技术教育与技能发展局根据培训师获得的技术/职业能力，颁发国家一级、二级、三级或四级证书。

（三）目标群体与课程

菲律宾成人教育的目标群体是根据学习者曾受过的最高教育程度和识字水平来定义。第一类是没有完成小学教育，但已经达到12岁或12岁以上的群体被定义为成人教育小学水平目标人群；第二类是没有完成高中学业，但已经达到16岁或16岁以上的群体被定义为成人教育中等水平目标人群，主要包括小学和中学辍学者、年龄超过16岁的青少年和成人、失业或未就业的成年人、产业工人、家庭主妇、女佣、工厂工人、司机、土著人、残疾人、囚犯等。[1]

成人教育被定义为"在正规学校系统之外获得的终身学习过程，补充了在正规基础教育之外获得的学习知识"，为自我发展、社区发展、创业和技能发展创造了机会，以响应个人的学习兴趣。成人教育针对成人、青年以及失学儿童主要展开四项教育计划。

一是基本读写识字计划：旨在通过阅读、写作和计算的基本识字和阅读技能，消除成人文盲。

二是同等学力认证计划（初级学历和中级学历认证）：旨在为具有基本识字技能，但尚未完成基础教育的成年人提供另一种学习途径。通过这一

---

[1] HERMOGENES C, ORION J R, ERIKKA J D, FURANEOL J M C. Factors influencing the dropout rate in alternative learning system-accreditation and equivalency program [J]. Slongan, 2014(2): 3.

计划，辍学学生能够在正规学校系统之外完成初级（小学）和中级（初中）教育，菲律宾教育部为完成成人教育学习项目并通过等同于菲律宾高中水平的同等学力认证测试的参与者颁发学历认证证书。该类测试涉及的学习项目需要学员设立自己的学习目标和学习计划，学习项目周期为 10 个月，项目总体目标是具备基础教育（小学和初中）所需的最低能力。

三是生活技能、工作技能以及社会或文化发展方面的计划：旨在解决教授技能与工作技能不匹配的问题，这些技能使那些无法找到工作的成年人以其他方式为社区做贡献。其中，工作技能主要包括沟通能力、领导力、金融知识等；生活技能主要包括与取得成功相关的工作技能以及帮助社区和整个社会提高生活质量的相关技能。

四是以学术为重点的教育衔接计划：可以满足一些成人教育参与者更高的学习需求，即同等学力认证（Accreditation and Equivalency，A&E）测试的通过者或是接受过中等职业教育后希望更好地继续学术研究的学习者提供的继续学习的机会。

第二节 成人教育的特点和经验

从 2016—2017 学年到 2021—2022 学年，菲律宾成人教育计划涵盖了 420 万人，其中 76% 参与到 A&E 初中项目，17% 参与到 A&E 小学项目，7% 参与到基本读写识字项目。这些学习者中，有 65.7% 能够完成所参与的成人教育项目目标。[1] 依据 A&E 计划，完成项目的学习者可以根据自身的短期或长期目标选择参加 A&E 测试，通过测试后，可选择继续接受高等教育、继续接受中级技能培训或者直接就业。菲律宾成人教育发展的数十年间，即使偶遇险阻，但也取得了一定的成绩。

---

[1] 资料来源于菲律宾政府官网。

一、成人教育的特点

（一）支持资源多样化

1．师资支持

菲律宾教育部致力于支持成人教育项目，通过持续培训和专业发展培养教师，并使之成为优秀教师。自 2017 年起，菲律宾教育部拨款给成人教育项目教师、项目实施者、项目工作人员以提高他们的能力，使他们能够真正应对成人教育参与者的特殊学习需求。主要培训的项目有：流动教师和项目协调员的基本培训课程；基本识字培训项目；为区域和部门协调员提供定向研讨会；为成人教育专家提供基础知识培训；基本生活机能培训项目；课程更新后的教师培训；相关法律法规培训。[1]

2．财政支持

菲律宾成人教育经费主要由菲律宾政府、国际组织以及民间组织出资。菲律宾政府近年来分配给成人教育的经费每年均增加574.73%。虽然这些经费不能完全满足成人教育的支出，但不断增加的拨款金额能帮助成人教育解决教师短缺、教学设备短缺，以及学习模块更新等问题。[2]

从 2017 年开始，菲律宾教育部为了确保成人教育的一系列学习项目顺利实施，每年为各个地区和相关部门分配经费，以推进计划的实施和管理、加强项目实施者能力建设、教学和学习资料印刷。2021 年起，不在按照百分比分配区域学习项目经费，而是按照成人教育项目需求分配经费。2022

---

[1] 资料来源于菲律宾政府官网。

[2] 资料来源于菲律宾政府官网。

年起，政府资助款项中有指定用于印刷或复印学习手册及学习资料等的费用。[1] 此外，政府拨给成人教育的款项也逐年增多，如 2017 年为 1.34 亿比索，2019 年为 1.88 亿比索，2020 年为 2.34 亿比索（见表 8.1）。[2]

表 8.1 2017—2022 年菲律宾教育部资助成人教育培训项目情况

年份	培训项目数量	计划培训人数	拨款总额
2017	42	3 043	1.3 亿比索
2018	8	605	0.07 亿比索
2019	25	11 294	1.6 亿比索
2020	9	11 388	线上资源
2021	20	994	线上资源
2022	4	825	0.2 亿比索
总计	108	28 149	3.2 亿比索

3．学习资源改革

学习资源改革包括四个方面。一是改善学习环境。菲律宾成人教育部门与菲律宾教育设备部和财务部就社区学习中心运营进行了协商，将制定一套关于社区学习中心运营的指导方针，主要用于教学场所的确定。二是支持并扩大技术工具的使用：通过加强灵活学习方式和以技术为媒介的同行学习方式，来促进和提升学习成果。三是加强成人教育教师的体验式学习策略：以成人教育的教学活动、教学分析、教学抽象化、教学应用为基础，结合学习者获得和构建知识的方式，加强教师的学习策略。四是支持学习资源和投递方式的情景化：为了解决教学资源有限的问题，鼓励成人

---

[1] 资料来源于菲律宾政府官网。
[2] 资料来源于菲律宾政府官网。

教育项目教师与多方协商，开发自身资源。[1]

2019年，菲律宾教育部开始实施成人教育基础课程，与正规教育课程的本质区别在于，其着眼于让参与者获取最具前瞻性的技术能力，使其在完成学习项目后更具有市场竞争力。课程的组成部分主要有六项学习能力，即沟通能力（菲律宾语和英语）；科学素养于批判性思维；数学与解决问题能力；生活与职业；对自我与社会的理解；数字公民。依据成人教育的六项学习能力要求，在亚洲银行的支持下，菲律宾成人教育部门于2022年开发并完成了成人教育初中课程。[2]

4．国际援助

菲律宾政府也积极寻求国际组织的援助，如东南亚教育部长组织技术教育发展区域中心为菲律宾成人教育项目整体改革、政策制定以及项目实施者的能力建设提供技术咨询；亚洲开发银行为菲律宾中等教育项目提供技术咨询，并为其提供财政支持；联合国儿童发展基金会为菲律宾成人教育项目提供关于克服青少年获取和完成成人教育项目障碍的研究以及相关可行性研究，为成人教育项目提供战略计划支持，为成人教育项目外部合作伙伴提供认证指南。[3]

（二）协同化管理与发展

1．政策与治理

2020年12月23日，菲律宾总统签署了第11510号共和国法案，为菲律宾

---

[1] 资料来源于菲律宾政府官网。
[2] 资料来源于菲律宾政府官网。
[3] 资料来源于菲律宾政府官网。

成人教育项目的可持续实施提供了有力的法律支持。该法案将特殊情况下的失学儿童和成人的基础教育归并为成人教育体系，且一并拨款。政府还进一步加强和扩大与地方政府部门、政府机构以及非政府组织的合作关系，寻求多方援助；加强成人教育项目教师培训，并为其分配额外的教学项目和津贴。该法案通过扩大地方学校董事会的权力和责任，为私营机构的经费捐助者提供相关的减税方案，以此动员地方政府和私营机构为成人教育项目提供财政支持。[1]

2．评估与认证

菲律宾教育部开发了演示文件评估方式。该评估结果作为上学年A&E测试初级和高级课程完成者颁发结业证书的依据，以此代替A&E测试。演示文件评估是A&E认证方式扩展的一部分，想要申请同等学力认证的参与者必须提交相关的演示文稿。

此外，为了解决一年一次的评估所带来的局限性，菲律宾教育部与联合国儿童基金会菲律宾办公室、UP课程评估与技术研究中心以及墨尔本大学合作，探讨微认证或资格认证的可行性。通过这种认证，成人教育参与者在满足认证所需条件后获取证书。菲律宾教育部在相关部门协同支持下，制定微认证的相关准则。[2]

二、成人教育的经验

（一）分工明确的组织体系

教育部、高等教育委员会、技术教育与技能发展局各有相应的成人教

---

[1] 资料来源于菲律宾政府官网。
[2] 资料来源于菲律宾政府官网。

育工作机构和人员负责本部门的成人教育工作,且每个大区、省有相应负责人,加上"非正规教育社团成人教育协会",这种分权式的"三焦聚"式教育管理机构是对教育部门权力分散的革新创举,将权力分散到主管各自教育层级的部门,有利于各地方负责人因地制宜地行使教育权,使教育符合地区的实际需要,为成人教育的发展带来了多样化的管理方式。同时,这种层级递进的成人教育管理机构也为菲律宾成人教育的有序发展提供了良好的组织基础。[1]

(二)多样性的课程体系

为进一步加快经济发展和提高自身在全球化进程中的地位,菲律宾大力开展成人教育,举办形式多样的成人教育项目,以提升劳动者自身的知识和技能,从而获得个人乃至整个国家的可持续发展。举办的成人教育组织形式有以下三种。替代学习系统部开展了一系列诸如基础识字学习、脱盲及后续发展的继续教育,致力于使每一个未完成基础教育的成人具备生存发展所需的基础知识和技能。多由技术教育与技能发展局举办的技能和职业培训主要为失业者或另谋职业的劳动者以及在职者提供相关职业技能和技巧培训,使他们具备一定的专业知识和从事一定工种的技能。以高等教育委员会为中心开展的拓展成人高等教育同等学力委培项目以及大学后继续教育培训等项目为越来越多的人获得成人高等教育提供机会。[2]

(三)日渐完善的成人教育法律制度

菲律宾成人教育的健康有序发展离不开一系列保障其发展的相关法律、

---

[1] 崔晴晴. 菲律宾成人教育的特点及其启示 [J]. 河北大学成人教育学院学报,2013(3):100.
[2] 崔晴晴. 菲律宾成人教育的特点及其启示 [J]. 河北大学成人教育学院学报,2013(3):100.

法规。早在 1974 年菲律宾政府就颁布《新劳动法令》力图通过发展教育，提高劳动力素质，造就一支能够满足国家社会经济发展所需要的劳动力大军。根据这一目标，菲律宾初、中级教育中都加强了劳动教育、实用工业和职业教育的发展。在 1987 年颁布的宪法中规定"国家依法保护全体公民的教育权利，不论处于哪一教育层级中，国家将采取适当措施对所有人开放教育""鼓励非正式、非正规教育以及利于民众自我学习、独立学习的相关学习项目、课程的实施，目的是为了积极回应、满足社会民众的教育需要"。此外，还制定了专门强调为成年人、残疾人和失学的年轻人提供相关职业所需的技巧和技能培训的法律规定。《菲律宾工业法》中同样明确规定："每一用人单位和雇佣者应当为被雇佣人员提供可供他们可持续发展的相关职业技能和技巧的训练。"这些法律条令都为菲律宾成人教育的可持续发展提供了相关法律保障，使其有法可依，依法执行，从而为成人教育的发展奠定了法律基础。[1]

（四）备受重视的财政资金投入

宪法第五条明确指出："国家将最高财政预算投入到教育领域。"由于管理成人教育机构的分散性，成人教育的财政资金也由上述三个教育机构分别予以拨款支持。成人教育经费开支除了主要来自国家财政部的拨款外，还有一些来自金融机构、非金融机构以及家庭和非营利性事业单位的捐助。在 1991—1998 年国民教育开支账户提供的资料中显示，国家财政拨款占资金投入的 48.1%，私人支付占 45.8%，由其他一些公司、企业及私人团体捐助的资金占 6.1%。

---

[1] 崔晴晴. 菲律宾成人教育的特点及其启示 [J]. 河北大学成人教育学院学报，2013（3）：101.

第三节 成人教育的挑战和对策

菲律宾成人教育在过去实施的经验表明，只要将内外部利益相关者紧密联系在一起，才能取得更大的成功。预计未来数年里，对成人教育的需求将更大，因此需要同等甚至更大规模的支持与合作以应对当前和持续存在的挑战。

过去十年间，菲律宾的成人教育在基础教育和技能培训之间徘徊，导致其受到高等教育机构、企业雇主和教育部本身的一些利益相关者的质疑。但随着课程更新、发展战略升级、政策支持的协同作用，成人教育的高水平发展与实施已经成为可能。

一、成人教育面临的挑战

在菲律宾现行的成人教育项目中，仍存在一系列问题，如学习资料过时，不能与时俱进；缺少学习设备；学习模块内容不能完全满足学习者的现实需求；一些项目的阅读补充材料也不能及时发放到学习者手中，影响学习者的课后学习及学习效果；缺少教学水平高的流动教师以及具备相关教师资格的项目教师。

学习者在项目学习的整个过程中需要一个整体的学习规划，而这需要相关部门与学习项目负责人之间协作才能制定，但是在实践过程中，由于相关部门与学习项目负责人之间协调不力，使得学习者的学习规划和教师的教学计划难以成形。[1]

---

[1] JOYCE K, JUANITA R, VALBUENA D. Technology management framework for alternative learning system [J]. International conference on business and industrial research, 2022(5): 69-70.

二、成人教育的应对措施

（一）加强师资队伍建设

继续扩大项目教师队伍，进而夸大项目的覆盖面，包括聘请具有专业知识的教师（如学科专家、技术职业专家、职业指导从业人员等）。详细计划项目教师综合素质提升方案。具体包括：加强新教师招聘计划；确定项目实施者职能；对现有项目人员进行定期能力评估，以期满足组织职能需求；举行定期培训，以改进项目标准和政策，改善教学方法和对学习者的评估；加强项目监督管理职能；在学习资源充足的情况下，为学习者提供实践平台；加强教师职前培训质量和学科相关性；加强教师绩效评估，以确保其符合教师的工作现状；完善项目教师职业规划，留住有教学经验和专业知识的项目教师。

（二）增加学习资源和学习设备的投放

通过与成人教育项目利益相关者定期举行协商会议、开发一套通信数据系统作为成人教育项目的内部数据库、确定成人教育项目扫盲政策、修改并更新识字计划学习工具、培训教师使用更新后的识字学习内容及测评表格来提高识字计划的效率、准确性和实用性。

为偏远学校提供非教室设施（改善偏远地区学习环境），制定社区学习中心政策和准则。制定国家统一的项目教学环境标准，为教学环境建设和翻新筹集资金；为社区学习中心制定指导方针，包括采取措施提高社区学习中心的质量和兼容性；利用不同学习环境完成教学任务。

（三）多渠道扩展学习过程

为满足不同学习者的学习需求，菲律宾政府提供短期功能性课程和扫盲计划课程以及学术衔接课程，为学习者后续学习做好准备。具体实施方法包括与利益相关者制定以学术衔接为重点的项目实施方案；制定发展框架；制定发展政策；开发相应的教育教学资源；提供教师培训；制定相关的评估机制；监测实施情况。

菲律宾政府还不断探索在线教学模式。系统评价不同方式的教学模式；提高教师利用有效教学模式的能力；提升教育部成人教育项目在线平台的可访问性、可靠性等；最大限度利用移动技术作为授课和与学习者沟通的工具；指导与不同的学习背景、学习风格适配的技术工具；开发多模式的项目财务模型；制定通信技术促进持续发展的服务框架。

（四）现代化教育管理与治理

菲律宾政府通过提升成人教育信息管理系统功能提高项目在规划、决策、政策制定、监测和评估方面的及时性、准确性和可用性。主要包括：数据收集和管理，以及数据整合；开发新的数据库以满足更多项目需求；使项目实施者具备参与式和协作式评价方法的能力。同时改进项目采购流程，协调统筹中央、地区和项目之间的采购流程，提高采购工作效率，简化成人教育署内部工作流程。加强地区和项目办事处的治理工作，扩大职能机构工作人员数量，加强职能机构工作人员的能力建设，组建项目利益相关者治理联盟。[1]

---

[1] 资料来源于菲律宾政府官网。

第九章 教师教育

第一节 教师教育概况

菲律宾的教师教育伴随着其教育体系的发展一直处于中心地位。1863年12月20日西班牙殖民者建立起第一所男性师范学校,此后菲律宾开始有了系统的教师培训体系,教师教育得到政府和其他相关部门的持续关注。

一、教师教育机构

菲律宾教师教育的主要机构按照教育性质可以分为公立教师培养机构和私立教师培养机构。公立教师培养机构包括三类。第一类是国立高校,由政府建立并负责维护,主要培养符合国家标准的教师和教育行政人员。例如,菲律宾师范学院是菲律宾最大的公立师资培养机构,提供从本科到研究生层次的师范教育,此外还提供在职教师教育。第二类是地方高校,由地方政府建立并负责维护的公共机构,通常根据地方需求和特色进行教师培养。第三类是其他政府高校,提供与公共服务相关的专业高等教育,包含部分教师培养项目。例如,菲律宾国家警察大学等特定领域的高校会开设与警察教育或安全相关的教师培训项目。私立教师培养机构包含两类:一是宗教附属院校等宗教背景的学校,通常将宗教教育融入师范教育中,二是非宗教院校，包括私立大学、学院以及外国大学分校等，这些机构通常根据市场需求和自身特色开设教师培训课程，培养具有不同专业背景和特色的教师。

事实上，菲律宾的公立师范院校仅有9所，且因菲律宾政府财政的窘迫状况，教育经费短缺，政府难以完成培养全部教师的任务，所以菲律宾的教师培养机构以私立院校为主，数量上远超公立机构。菲律宾的教师教育机构提供多样化的培养模式，包括本科、硕士和博士等不同层次的教育，以及短期培训和进修课程等，以满足不同教师的需求。这些机构共同构成了菲律宾的教师培养体系，为菲律宾培养了涵盖学前教育、基础教育、高等教育和职业技术教育在内的教师和教育行政人员。[1]

菲律宾教师教育协会成立于1967年，在全国所有地区都设有分会。[2] 教师教育协会因为与政府机构密切合作，其项目有显著优势，帮助了教育委员会负责规划和实施不同级别的在职培训项目。菲律宾教师教育委员会负责在每个区都举办培训讲习班和研讨会，对提高政府发起的在职项目的有效性产生了深远而积极的影响。[3]

二、教师培训、管理与待遇

（一）学制和课程设置

在菲律宾，通过师范类本科四年制学习可以获取标准的教学资格证书。

---

[1] MALALUAN N E. Institutional transformation of teacher education institutions (TEIs) through accreditation in Calabarzon region, Philippines [J]. Asia Pacific journal of multidisciplinary research, 2017, 5(4): 144-156.

[2] 资料来源于菲律宾教师教育协会官网。

[3] Philippine Association for Teacher Education. Institutional capability study [M]. Manila: Philippine Association for Teacher Education, 1991: 56-89.

师范生分别取得小学教育学学士学位和中学教育学学士学位后可以获得相应的教学资格。这两类课程是由高等教育委员会制定，课程按性质分为三大类：第一类是一般基础课程，如语文类课程、自然科学课程、社会科学课程、体育等；第二类是专门课程，如技能科课程、选修课程等；第三类是专业课程，如教育理论、实习等（见表9.1）。

表9.1 师范类本科级别中小学课程范例 [1]

课程	师范类本科小学教育课程	师范类本科中学教育课程
基础课程	63	63
专门课程	57	60
专业课程	54	51
·教育理论课	12	12
·方法与策略课	27	24
·实习	12	12
·专题课	3	3
总学习单元	174	174

幼儿教育学士也是为期四年的课程，幼儿教育专业包含在师范类小学教育内，小学教育学士（幼儿教育方向）专业课程旨在向学生传授成为幼儿园和小学低年级儿童有效教育者所必需的理论和概念。该课程的目的是培养具备与幼儿打交道所需的必要知识、技能和教学材料的教师，为幼儿保育和教育奠定坚实的基础。这个课程项目已获得菲律宾学校、学院和大学认证协会的四级认证。

技术教师教育学士是一个为期四年的阶梯式学位课程，面向有意在初

---

[1] 资料来源于菲律宾高等教育委员会网站。

中、高中、技术职业教育培训机构和高等教育机构教授技术与技能的个人，培养其成为在专业领域具有高素质和积极性的技术和技能教育教师。除了基础课程，还有专业课程：第一，行业基础课程，这些课程旨在提供特定行业的基础知识和技能，如技术、通信、电子、计算机、交通、农业、渔业、家庭产业等，一共多达250门不同的课程可供选择，涵盖了从基础知识到专业技能的全方位培训；第二，技术实践课程，除了理论知识外，教师还需要掌握实际操作的技能，通常包括实验室学习、工作坊和现场教学等，以确保教师能够熟练掌握并应用所学知识。在菲律宾，教师获取不同技术文凭的路径是清晰且多层次的，主要依据菲律宾职业技术教育与培训资格框架。

菲律宾的职业教育体系鼓励教师继续深造和学习，以提高自己的职业技能和教学水平。教师可以通过参加各种进修课程、研讨会来提高自己的专业素养，也可以通过攻读硕士或博士学位来获得更高级别的技术文凭和更广阔的发展空间。

菲律宾没有专门培养高等教育教师的培养机构。各公立和私立高等院校提供包括硕士、博士等各层次的研究生教育，注重研究能力的培养和国家化事业的拓展，为高等教育培养具有高水平科研能力的教师。

对于那些在其他领域获得学士学位的人，也可以通过完成从一学期到一年不等的教育学研究课程获得成为教师的资格。完成专业教学证书项目的个人将获得证书（不是学位或文凭），可以参加专业监管委员会管理的教师执照考试。

（二）教师执照考试

1994年的《菲律宾教师专业化法》要求该国所有在中小学从事教学、监督和管理的人员都必须通过教师执照考试。1996年，教师执照考试取代了教师专业委员会考试，目的是通过纳入与其他职业同等的要求和证书，提高教师职业的地位。拥有教育学本科学位的毕业生，如基础教育学士、中等教育学士和幼儿教育学士，以及相应的同等学力，均有资格参加教师执照考试。非教育专业毕业生在符合以下条件的情况下，可以参加教师执照考试课程：对于取得文学或科学学士学位，且正在进行中等教育学专业学习的，至少完成18个专业教育单元的学习。按规定，该课程在一学年内完成，包括3个为期10周的课程，分别是：第一学期，10月至次年1月；第二学期，2—5月；第三学期，6—9月。[1] 根据第7836号共和国法案的规定，该项目旨在帮助非教育学位持有者了解：儿童/青少年的认知、社会情绪和身体特征，以及他们如何学习；他们所教科目的知识以及如何向学生教授这些科目；管理和监督学生学习的技能；对自己的实践持反思态度，开放性地调整教学以适应新的发现、想法和理论。[2]

2007年，菲律宾教育部开始推行教师教育与发展项目。经过两年的实践，于2009年推出《能力本位的教师专业标准》。[3] 菲律宾能力本位的教师标准的基本理念在于：为每一名学生平等地提供高质量的基础教育，为学生终生学习奠定基础，为学生的终生幸福着想。它迎合能力本位与教师的专业发展，是教师教育政策、改革、活动的指导性框架，处于菲律宾教师教育与发展项目的中心位置，也是该项目的核心元素。其功能在于：教师教育机构用来设计和实施有效的职前教师教育课程；专业管理委员会用它来设计评价标准；专业发展机构参照该框架来设立，奖励机构以此作为评定标准；菲律宾教育部据此进行教师职业相关的聘用、晋升、监督及制定其他相关政策；是中小学教师可以据此进行专业发展活动。

---

[1] IBE M D. Round-table discussion: why can't we attract good teachers? [M]. Manila: University of Philippine, 1998: 93-104.
[2] 资料来源于菲律宾国会官网。
[3] 资料来源于菲律宾教育部官网。

2017年《教师专业标准》得以通过,[1]基于网络的教师发展与提升以及终身学习的原则,采用新的菲律宾教师专业标准和教师的继续教育专业标准,帮助教师系统性地获取、提升知识和技能并促进自主学习。该标准是一项补充了教师从职前教育到在职培训的重要改革举措。通过定义明确的领域、线索和指标,该标准阐明了教师教育改革中教师素质的构成,提供了专业学习、实践的衡量标准。它建立在以学习者为中心、终身学习、包容等教学理念之上,使其更符合由众多国家和全球机构带来的变化,且响应不断变化的学习者需求。21世纪的学习者是富有创造力、批判性的思考者,能在不同领域通过多媒体灵活地进行合作和交流信息、技术。该标准可以帮助教师在追求个人成长和专业发展时反思和评估自己的实践。表9.2描述了21世纪菲律宾的优质教师在7个领域需要具备的特点。

表 9.2 菲律宾教师专业标准 [2]

序号	领域	内容
1	学科知识和教学法	认识到掌握学科知识的重要性及其在课程领域内和课程领域之间的相互联系,以及对教学理论和原则的应用具有正确和批判性理解;在学科知识和当前研究的基础上,应用适合发展和有意义的教学法;精通母语、菲律宾语和英语,以促进教学并展示使用沟通策略、教学策略和技术以促进高质量学习成果所需的技能。
2	学习环境	提供安全、可靠、公平的学习环境,以促进学习者的责任感和成就感;创造一个以学习为中心的环境,并有效地管理学习者的行为;利用各种资源,提供智力上具有挑战性的活动,以鼓励实现高标准学习的互动课堂。
3	学习者的多样性	建立适应学习者多样性的学习环境;尊重学习者的多样性特征,并将其作为规划和设计学习机会的依据;在课堂上鼓励多样性,采取不同的教学方法以鼓励所有学习者在不断变化的地方和全球环境中成为成功的公民。

---

[1] 资料来源于菲律宾教育部官网。
[2] 资料来源于菲律宾教育部官网。

续表

序号	领域	内容
4	课程与规划	参照国家和地方课程；基于有效教学的原则将课程内容转化为与学习者相关的学习活动；运用自己的专业知识，单独或与同事合作，规划和设计结构良好、顺序有序的课程，这些课程应与情境相关，响应学习者的需求，并纳入一系列教学资源；交流学习目标，以激发学习者的参与度与成就感。
5	评估和报告	在监控、评估、记录和报告学习者的需求、进步和成就时，运用各种评估工具和策略；为学习者提供有关学习结果的必要反馈；通过周期报告，使教师能够选择、组织和使用合理的评估方式。
6	社区联系和专业参与	建立学校-社区的伙伴关系，旨在丰富学习环境、鼓励社区参与教育过程；发现并创造将课堂教学与更广泛的学校社区和其他关键利益相关者的经验、兴趣和愿望联系起来的机会；理解并履行维护职业道德、责任和透明度的义务，以促进与学习者、家长、学校和更广泛社区的专业和谐关系。
7	个人成长和职业发展	可以有效地进行教育评估，以提高教与学的质量；反思和评估自己的能力；在新课程中定义教师的素质；描述教师的期望；提高知识、实践和专业水平，在更广泛的领域内应对更复杂的教学/学习情境。

（三）教师待遇

菲律宾教育部门的财政状况较为紧张。菲律宾新闻调查中心的报告称，教师职业只吸引了1/3的毕业生，且吸引的是那些能力相对较差的学生。没有多少人愿意接替将在未来几年退休的12.69万名教师的职位。教师的工资不仅难以满足他们基本家庭的需求，教师还往往被迫购买教学材料。[1]

随着政府投入的增加，菲律宾普通教师工资有所提高。根据2019年的工资标准化法，公立学校教师2020—2023年的全国平均工资将比私立学校

---

[1] GANAL N N, et al. Problems and difficulties encountered by student teachers of Philippine Normal University Isabela Campus [J]. International journal of science and engineering, 2015, 1(9): 33-46.

的教师高出65%—87%。政府计划分四个阶段，根据职位对应的薪资等级（SG）和薪级进行加薪（见表9.3）。[1]

表9.3 2020—2023年公立学校教师薪资[2]

单位：比索

职位	工资级别	基础工资	第一阶段（2020年）	第二阶段（2021年）	第三阶段（2022年）	第四阶段（2023年）
教师1	11	20 754	22 316	23 877	25 439	27 000
教师2	12	22 938	24 495	26 052	27 608	29 165
教师3	13	25 232	26 754	28 276	29 798	31 320
硕士教师1	18	40 637	42 662	43 681	45 203	46 725
硕士教师2	19	45 269	47 530	48 313	49 835	51 357
硕士教师3	20	51 115	53 537	54 251	55 799	57 347
硕士教师4	21	57 805	60 296	60 901	62 449	63 997

菲律宾的私立教师教育机构比公立教师教育机构更具成本效益，即单位成本更低、辍学率更低、师生比例更高。[3] 例如，2016年，公立和私立的教师教育机构之间的平均成本差异最高在国家首都大区和卡拉巴松大区，分别是145 000比索和102 000比索。[4] 学费上的巨大差距不可避免地会造成一些影响：如果国立的大学或学院的学费较低，就会加剧竞争，使得弱势学生难以获得入学许可。

---

[1] 资料来源于菲律宾教育部官网。

[2] 资料来源于菲律宾教育部官网。

[3] BAGO ADELAIDA. Cost-effectiveness of teacher education in the Philippines: a comparative analysis of public and private schools program[J]. Journal of De La University, 1995, 1(11): 21-36.

[4] RUDIO V O. Performance of teacher education graduates, DMMMSU-NLUC, Philippines in the license examination CY 2011 to 2013 [J]. International journal of educational science and research, 2016, 6(3): 1-16.

为了资助私立高校教师攻读研究生学位或接受非学位的培训和研讨班学习，政府颁布了第 6728 号共和国法令。该法规定了资助的条件：接受资助的条件是教师受资助一年，须在高校服务三年；受资助教师的专业必须是官方认定的"优先专业"；这项资助不能用于宗教目的。[1] 对教师的资助限定在"优势专业"，表明菲律宾政府的目的之一是通过资助私立高校来促进经济发展。

同时，为进一步支持公立学校教师和校长的持续专业发展，菲律宾教育部于 2021 年 8 月 27 日发布了《关于教师和学校领导人力资源开发资金分配和使用的多年实施指南》。[2] 该指南规定了公立学校教师和学校领导人资源开发的资金覆盖范围：教师在职培训、项目支持资金和中央办公室管理的与教师和学校领导的专业发展和培训相关的活动。同年的《通用拨款法案》为非教学人员的专业发展拨划了单独的资金。[3]

第二节 教师教育的特点和经验

通过研究菲律宾教师教育的发展现状可以发现，教师教育展现出教师队伍不断壮大、职前教育规范性逐步提升、重视在职培训、通过私立教育援助基金促进发展等特点。菲律宾教师教育虽然经历曲折发展，但依然发展迅速，取得不小的成绩。

---

[1] 资料来源于菲律宾国会官网。
[2] 资料来源于菲律宾教育部官网。
[3] 资料来源于菲律宾教育部官网。

一、教师教育的特点

（一）教师队伍不断壮大

自 20 世纪 90 年代以后，菲律宾教师队伍的建设受到政府的高度重视，人数激增，水平不断提高。根据菲律宾 2019—2020 年基础教育数据显示，目前共有注册教职人员约 90 万人，其中教师约 80 万人，供职于公立和私立中小学。[1] 尽管各师范学院都人满为患，如马尼拉国立师范学院，校舍很小，竟容纳 6 000 多名学生，每个班级都在 50 人以上，但时至今日，菲律宾中小学师资状况仍不乐观。根据菲律宾教育部 2019 年的统计，基础阶段的师生比达到 1∶29，中学阶段达到 1∶25。教师总体配置的师生比例较过去略有下降。[2]

（二）职前教育的规范性逐步提升

菲律宾教育部 2009 年推出的《能力本位的教师专业标准》和菲律宾教师教育委员会 2017 年颁布的《教师专业标准》，指导设计和实施有效的职前教育课程，进一步规范了职前教育的培养目标，同时有效地衔接了职前教育和在职教育，保证了教师质量。

菲律宾的教师培养的主要形式是"大学毕业后的教师执照培训"，即菲律宾非教育学学士学位获得者若去中小学任教之前，必须完成这类课程并取得教师执照。教师执照制度的实施极大地促进了教师学历合格率的提高，职前教育的规范性进一步提升。教师执照考试分为小学和中学两个级别，小学教师执照考试涵盖 40% 的通识教育和 60% 的专业教育；中学教师执照

---

[1] 资料来源于菲律宾教育部官网。
[2] 资料来源于马尼拉公告官网。

考试涵盖 20% 的通识教育、40% 的专业教育和 40% 的主修科目。考生的平均评分不得低于 75%，且单项成绩不能低于 50% 才能通过考试。

（三）重视在职培训

因为教师总体学历水平偏低，因此菲律宾保留了较为完善的在职进修制度，即教师通过注册正式的研究生课程来实现提升他们的能力并获取相应的学位。在职教师均可报名各师范学院的教师进修班，也称作周末研修班，攻读学士、硕士学位课程。进修班的课程各学校有所不同，大致有社会学科、教育行政、西班牙语、实用艺术、音乐等。每学期由学生自由选择其中的两科，并缴纳一定费用，修满 30 学分即可获得教育硕士学位，同时可晋升一级薪水（200 比索，约合 5 美元，按 2004 年菲律宾收入，大致相当于一名中小学教师一天的收入）。在职教师进修班在每个周末上课，另在暑假授课六周，两年内可修完硕士课程。

随着新课程的实施，政府已经开展了一系列与此相关的大规模在职培训项目。例如，依据新小学课程实施的分散教育发展计划（1982—1988 年）和依据新中学课程实施的中等教育发展计划（1990—1994 年）。教育委员会为推广这些项目，向参与者提供了一系列激励措施，例如给参加培训活动的人员提供涨工资的机会、晋升级别或职位、发放津贴和酬金。[1] 此外，地方政府也会组织在职培训，如卓越中心项目，但预算比较紧张。

（四）职业教育阶梯式衔接为教师教育发展提供更广阔的路径

按照 2014 年《加强职业教育与培训和高等教育之间阶梯式衔接的法》，

---

[1] 资料来源于菲律宾高等教育委员会官网。

菲律宾国家资格框架内的职业教育系统学习者可以通过参加国家资历考试，或者累计达到一定学分的方式进入普通高校，在继续深造的同时更为系统地学习职业技能。普通中学、高校的学生也可以利用闲暇时间进入职业院校，系统参加技能提升培训，提高就业竞争力。[1] 一体化的教育体系设计使得教师能够清晰地了解从职业技术教育到高等教育的发展路径，为他们提供明确的职业规划方向。职业技术教育和高等教育在课程内容和资格框架上的对接，意味着教师在接受职业技术教育培训时，可以更加顺畅地过渡到高等教育阶段，无需重复学习相同或类似内容；还可以通过实习、实训等方式，积累丰富的经验，更好地理解职业技术教育的实际需求，提高教学效果和质量。

（五）通过私立教育援助基金会促进教师教育的发展

在专注于教育的各种半政府和非政府机构中，最具影响力的是私立教育援助基金会。该基金由菲律宾总统在1968年通过行政命令成立，主要目标之一是提升私立机构教师的学历、技能、和教学能力。该基金提供多种项目，如研究生教育计划、论文帮助计划、为不同学科举办短期教师学习和教师能力研讨会以及教学实践等活动。其中，研究生教育计划主要方式是为选中教师提供奖学金，以便在选定的优先领域攻读研究生课程。这个奖学金不仅包括助学金（学费和其他费用、书本费和交通费）津贴，还有对教师学校支付代课教师的补贴。更重要的是私立教育援助基金会密切监控教员和研究员的学术进展，提供其他形式的帮助，如访问该基金会的教育数据库来进行研究工作以确保完成培训。[2] 论文帮助计划服务人群不仅包

---

[1] 资料来源于菲律宾国会官网。

[2] MALALUAN N E. Institutional transformation of teacher education institutions (TEIs) through accreditation in Calabarzon region, Philippines [J]. Asia Pacific journal of multidisciplinary research, 2017, 5(4): 144-156.

括私立学校的教师，还有那些不是私立教育援助基金会教员的教师。该项目为教师的研究计划提供财政资助，基金会教育数据库的资源支持，以及来自专家对于研究设计和方法的指导。

二、教师教育的经验

从菲律宾教师教育发展的现状和特点来看，其取得的成绩离不开国家对全国教师教育发展的统筹立法，离不开卓越中心的建立，离不开持续的专业发展、网络研讨会和研究生学习。

（一）加强立法支持

菲律宾政府的两项重要立法举措推动了教师教育和教师职业的发展，分别是第 7784 号共和国法令[1]，规定建立卓越中心和成立教师教育委员会，以及第 7836 号共和国法令[2]，规定了教师执照考试。从 1978 年到 1995 年，教师参加了由公务员制度委员会管理的教师专业委员会考试。为了推行和实施第 7784 号共和国法令，高等教育委员会教师教育技术小组根据法律规定的标准确定并推荐了地区卓越与发展中心。根据技术小组实施的标准，确定了来自该国 13 个地区的 20 个教师教育机构。教师执照考试于 1996 年第一次由专业法规委员会管理。这两项法律承认教师的重要作用，反映了政府对优质教育的承诺。

教育部认为，高质量的职前教师教育是该国高质量教育的关键，因此于 2005 年发布了第 39 号联合备忘录，规定：教师教育机构和学校部门主管在

---

[1] 资料来源于菲律宾国会官网。
[2] 资料来源于菲律宾国会官网。

职前教师实习教学中的作用；选择合作学校、合作导师/教师及其职责和职能；学生教师的责任。联合备忘录中还附有《本科教师教育课程修订政策和标准》，详细说明了基础教育学士学位和中学教育学士学位的课程规格。[1]

（二）完善组织建设

高等教育委员会将教师教育确定为发展世界一流的学术、国家建设和国家发展所必需的项目。通过建立卓越中心为该国的每个地区选择了一个卓越中心带头为本地区教师提供在职培训。卓越中心规定教师教育机构实践和试验相关的、创新的职前和在职教师培训计划，组织和协调教师教育方面的合作研究，开发课程和教学材料。在每个地区，不同的教师教育机构像节点一样连接到地区卓越中心。该中心的任务是向教师教育机构提供专业服务和协助，并促进教师教育机构的发展。然后，各机构负责为该地区的中小学教师开展在职培训项目。因此，卓越中心为教师教育机构网络奠定基础，为协调教师能力的发展而努力，并促进教师的技能和知识从强大的机构（卓越中心）流向较弱的机构。

卓越中心承担的具体角色和责任包括：在菲律宾教师教育项目中起到模范/领导者作用；维持和提高研究能力，并升级教师职业化或研究生教师教育研究项目；向其覆盖的地理区域内的机构提供援助，开展高质量的教师教育活动/项目；通过战略发展议程和项目加快教师教育的发展，如完善教师教育的设施以及升级图书馆馆藏，实施优质教学计划；就教师领域的新趋势和发展开展基础和应用研究活动教育并通过与学术界的合作进行推广。[2]

为了有资格当选卓越中心，教师教育机构必须优异表现，如在过去三

---

[1] 资料来源于菲律宾教育部官网。
[2] 资料来源于菲律宾国会官网。

年教师执照考试的平均成绩要达到前 10 名。2008 年，高等教育委员会在 2008—2011 三年确定了 14 个卓越中心，2010—2013 年确定了 12 个卓越中心，2010—2013 年新增了 5 个卓越中心。[1] 这些卓越中心将促进和加快教师教育项目的发展，并启动相关项目，加强其他非卓越中心的教师教育机构的发展。为了实现这些任务，已确定的卓越中心将获得发展项目资金和其他非货币补贴，如教师奖学金和研究补助金。

（三）为教师提供专业成长的机会

菲律宾建立了专业发展信息系统，充分依托信息化智能化的评价方式，以数字技术和数字基建为媒介平台，努力促进教师专业成长与职业成长相融合。菲律宾国家教育学院通过建立专业发展信息系统来保证专业发展项目和课程质量，确保项目、课程认可流程公开透明。学习供应商可按照菲律宾国家教育学院官网提供的步骤提交申请。目前菲律宾国家教育学院已授权 32 所培训主体，其中包括教育部及其分支部门、菲律宾师范大学、东南亚教育培训学院、盲人公司资源等机构。在过去的几年，学校为菲律宾教师至少提供一项专业发展活动，如当地和国际培训及研讨会。除此之外，教师还采取主动行动促进专业发展，如参加研究生学习。[2]

第三节 教师教育的挑战和对策

在目前教育发展的关键时期，菲律宾的教师教育机构发挥了引导作用。

---

[1] 资料来源于菲律宾高等教育委员会官网。

[2] TRAN N H, TRUONG T D, DINH H V T, DO L H T, TRAN TA T, PHAN M H T. Significance of teacher professional development in response to the current general education reforms in Vietnam: perceptions of school principals and teachers [J]. Problems of education in the 21st century, 2020, 78(3): 449-464.

教师教育面临一些挑战，政府采取了相应措施应对这些挑战。

一、教师教育面临的挑战

（一）教师水平有待提高

理论上，各教师教育机构在菲律宾教育部颁布的相关教师能力或专业标准基础上自行设计培养方案和课程，为学员们增强实践教学能力和考取教师执照提供了更大的可能。2009年以后，只有约28%的学生取得了小学和中学的教师执照，这意味着在菲律宾参加教师教育项目的每100名学生中只有5人有资格担任教师，合格的教师严重不足。[1]

2010—2019年教师执照（前身是教师委员会考试）的小学和中学考试平均通过率分别为28%和37%，表明师范教育毕业生在该考试中的表现仍然令人沮丧，反映出许多教师教育机构项目和学生的质量不达标。虽然少数教师教育机构始终以高百分比的教师委员会考试通过率位居教师教育机构排行榜前列，但一些机构的表现一直很差，约15%的教师教育机构的合格率在22%—0%。师范生最受欢迎的专业领域是英语、菲律宾语、数学和社会研究。[2] 这四门学科不需要特殊设备，因此是教师教育机构普遍提供的专业课程。

关于资格和能力的观察进一步证实了学校里有执照的教师的数量少这一说法。例如，科学和技术部指出，大多数教授中学数学和科学课程的教师没有资格教授这些学科，而有资格教授数理学科的教师比例如下：33.90%的通识科学教师，30.51%的生物教师，15.41%的化学教师，4.44%的物理

---

[1] 资料来源于马尼拉公告官网。
[2] IBE M. Shortage despite oversupply: the tragedy of teacher education [J]. Philippine studies, 1995, 38(6): 294-306.

教师，和 54.67% 的数学教师。[1] 国家教育测试和研究中心也发现教师的标准化成绩考试的平均分为 54.08 分。在数学方面，教师的得分仅比学生高 4.2 个百分点。在菲律宾，学生的分数（60.25%）甚至超过了老师（56.88%）。[2] 因此，菲律宾严重短缺科学、数学等学科的合格教师。

总的来说，公立高等教育机构师范教育的毕业率相对较高于私立高等教育机构。教师教育项目高度集中在公立高等教育机构有有利于提高质量、扩大规模以及提高教师的能力。理论上，这使得政府能够很好地实现可持续和高效的机制，系统识别公共基础设施供给缺口教育系统（通知招生名额开放），指导教学改革（根据学校的反馈）和告知课程设置和职前教师培训（在欠发达的研究领域开展必要的研究）。

无论是菲律宾师范类本科小学课程还是中学课程，通识课都占据相当大的比例，而专业课仅占 20% 左右。大多数毕业生并没有机会进行教学实习，这也让很多人开始质疑教师职前培训课程的相关性。数学和科学等学科缺乏合格的教师也在一定程度说明专业课更多地集中在文科领域，严重失衡的设置不仅制约了教师教育的质量，也限制了菲律宾中小学教育的良性发展。

（二）在职培训项目良莠不齐

政府负责的在职培训项目的一个重要特征是默认不同的教师教育机构和普通教育机构的教师的能力水平有很大差异。虽然一些教师在某些院校的能力水平非常高，但在更大比例的教育机构中的更多教师仍然需要提高能力。制度鼓励较强和较弱机构之间形成共生关系。菲律宾实施一种自上而下的在职教师模式。

---

[1] Congressional Commission on Education. Basic education [M]. Quezon City: Congressional Oversight Committee on Education, 1993: 179-293.

[2] CORTES J, JULIETA S. Teacher education in the Philippines [J]. UPROBE Research Institute, 1994, 5: 17-32.

在国家一级，项目和材料是专门为教师设计的。在区域一级，开设了关于新教材的课程，并要求各区域代表参加。分区课程由区域代表参加并提供，地区课程专为校方代表提供。每一层的参与者都希望将他们所学的"回应"给他们的选民或下属。考虑到菲律宾教育系统的特点和规模，这种模式的有效性受到了严肃的质疑：在这种教育体制下有多少信息没优惠及底层。[1]

一些相对创新的项目由非政府机构发起并维持（通常得到一些政府支持）。但他们都因提供的教育质量而受到批评。例如，菲律宾开放大学在菲律宾大学系统内受到了批评，因为放宽入学条件，批准和实施新的学术计划。也有人提出了自学教材是否可行。人们同样质疑自学的学习材料是否能保证和远程教育模式下的培训一样的质量。这些批评似乎损害了菲律宾开放大学以高标准的教育卓越而闻名的声誉。德拉萨尔社区大学的某些部门也受到了类似的批评。问题通常在于课程表上排得满满的不同的课程，批评人士对这种排课方式的有效性表示担忧，质疑学习者是否能学习并充分汲取这些课堂材料。对于更宽松的入学要求也有一些批评。同样，令人担忧的是这些项目是否走了太多弯路，并损害了这所大学授予学位项目的含金量。

另一方面，通过电视进行的继续教育项目也因利用154家电视台媒体作为一种替代表现模式而受到批评。事实上，电视节目大部分是课堂讲座形式的电视直播，辅以一些摄像的视觉效果。这个课程中展示的教学法符合最标准和最传统的教学与指导形式（讲座和演示）。就好像传统课堂上的科学课，实际上是简单的录像并在电视上播放，但一开始效果有限。目前，还没有对这些更具创新性的项目进行完整和充分的评估项目，因为它们都处于实施的早期阶段。但这些措施的有效性确实需要对项目进行评估，尤

---

[1] DARLING-HAMMOND L. Constructing 21st century teacher education [J]. Journal of teacher education, 2006, 57(3): 300-314.

其是对教师课堂实践是否存在实质性的影响，以及这些是否会影响学生的成绩。[1]

二、教师教育的应对措施

1994年，国会教育委员会分会专注于题为"供过于求却短缺：教师的悲剧"的教师教育。从那时起，为了提高其质量，各种法律和计划相继出台，其中包括建立更清晰的职业道路和增加公立学校教师的收入，为教师创建额外的范本（因此，自2010年以来，大幅减少了多档课程），以及制定最新的专业标准。同时，面对上一节所述教师教育发展面临的挑战，顺应当前的国际教育形式，政府实施了干预措施，以提高该行业的吸引力，减少低质量的教师教育机构，并增强现有培训项目的相关性。

（一）提高跨机构的教师教育政策的协调性

教育委员会召集了教育部、高等教育委员会和职业监管委员会"来制定政策和标准，以加强并完善所有现存的公立和私立学校的教师教育体系"，研究结果显示其仍然缺乏在实施同样措施方面的有效性；缺乏整体性和一致规范的方法；尽管其潜力巨大，但缺乏机构的支持和资源，决策者的利益不均，及低政治资本在很大程度上制约了教师教育委员会引导机构成员实现统一愿景的能力。目前，参议院正在努力强化教育委员会，这是朝着正确方向迈出的一步。适当的监督、资源的获取和强大的政治领导力将是至关重要的，赋予委员会将跨部门资源集中到该行业获取有形收益的

---

[1] SAVELLANO J M. Profile of the faculty in teacher education: some issues and concerns [J]. Education quarterly, 1996, 12: 11-16.

权力也是十分必要的。[1]

（二）提高教师教育的深度、相关性和实用性

2017年高等教育委员会最新修订的师范类本科中学教育的政策、标准和指导方针涵盖了提高教学质量的措施。[2] 例如，本科课程延长职前学生的实习期限和加深当地学校、教师教育机构和教育部的密切联系。现在菲律宾师范本科的中学教育中，实地研究和实习学习各为6个单元，这在许多高校一个学期里只占一半的学习单元（每学期平均24个学习单元）。这和世界一些发达国家有很大的差距，如芬兰的现场教学贯穿始终，学生们都能得到指导并有一定的自主权；在新加坡，大学教师通过当地的公立学校进行实践学习，而学校教师则被借调到教育部更好地制定政策和计划。尽管国情不同，深化实践培训，架起政策与实践的桥梁可以很好地解决菲律宾今天面临的关于教师教育质量的挑战。

（三）加强学校与各类组织的合作

只有教师本身所受的教育质量得到提高，教师的整体水平才会提高。这就需要学院和大学与学校及相关机构密切合作。2013年《加强基础教育法》第12节关于教师教育和培训的规定：为确保强化基础教育计划满足对优质教师和学校领导的需求，教育部、高等教育委员会和教师教育与技能发展局与政府、学术界和非政府组织的相关合作伙伴合作，开展教师教育和培训计划。[3] 此类专业发展计划全年定期启动、实施和评估，确保教师技

---

[1] 资料来源于菲律宾国会官网。
[2] 资料来源于菲律宾国会官网。
[3] 资料来源于菲律宾国会官网。

能的不断提升。学校和教师教育机构之间的合作有所增加，促成了伙伴关系的形成。

科技将继续在教育领域产生巨大影响。决不能低估教师的求知欲，因为这将确保更多更好的专业发展项目能够满足未来一代的需求。未来的学习模式规定教师在在线和混合学习中必须扮演的新角色，教师职业发展和教育学院的国际视角将有助于建立长期的弹性教育体系。[1]

---

[1] PORTILLO J, DE LA SERNA AL. An international perspective for improving teacher professional development for online and blended learning: a systematic meta-aggregative review [J]. Educational technology research and development, 2020, 69(4): 25-28.

第十章 教育行政与教育政策

第一节 教育行政

一、中央教育行政

菲律宾在中央层级分管教育的部门有教育部、高等教育委员会、劳动就业部下属的技术教育与技能发展局等。此外,国家统计局主要职责是统计数据的汇编和协调,其中也涉及教育系统的数据统计和分析。

(一)教育部

作为菲律宾政府的一个主要部门,教育部负责制定、执行和协调正规和非正规教育领域的政策、计划、方案和项目。教育部还监督所有公立和私立的小学和中学教育机构,包括替代学习系统,并致力于建立和维持与国家发展目标相一致的全面、充分和综合的基础教育体系。教育部的主要目标是确保每个菲律宾人都能获得优质、平等的教育机会,培养儿童必要的技能、知识和价值观,使其成为有爱心、自主、高效和爱国的公民。

教育部由部长和六位副部长组成,他们共同负责财务会计、预算、法律服务、课程开发、规划、外地业务及行政服务等关键领域的工作。

2015年教育部的重组进一步明确了其组织结构,部长办公室下设有五个主要司局：课程和教学司、财务和行政司、管理和工作司、法律和立法事务司、战略管理司。此外，还设有五个附属机构，包括幼儿保育和发展协调委员会、国家图书开发委员会、国家儿童电视委员会、国家博物馆和菲律宾艺术高中。教育部还建立了三个协调委员会，分别负责审批学校方案、扫盲和教师教育等重要事务，以确保教育政策和计划的有效实施和持续改进。通过这一系列组织架构和管理职能的优化，教育部希望能提升教育质量和系统的整体效能。

教育部的部门分工明确，部长办公室负责提供国家级的全面领导和指导。教育部的附属机构由部长办公室管理。五个主要司局中，课程和教学司负责开发相关、有效且具有响应性的基础教育课程，而其他部门则围绕这些课程提供必要的支持。财务和行政司确保组织运作的效率，支持核心教育业务，通过财务和行政服务实现组织目标。管理和工作司致力于提升组织能力，不断改进教学环境，根据《2001年基础教育治理法案》，管理和工作司还负责监督大区和学校分部的工作。法律和立法事务司负责提高组织处理法律事务的能力，并积极推进立法议程。战略管理司则专注于长期发展规划，协调内外部环境，并与利益相关者进行有效沟通。通过这样的组织架构和分工，教育部确保了教育政策和计划的有效实施和持续改进。

（二）高等教育委员会

1994年以前，菲律宾的高等教育原本由教育文化体育部管理，但自1994年《高等教育法》颁布后，成立了直接隶属于总统办公室的独立行政机构——高等教育委员会（CHED），由其管理高等教育事务。

CHED的职能广泛，主要包括：制定涵盖教育及其他相关领域的宏观计划与政策，向立法和执行机构提供高等教育发展的政策建议；制定并执行教育标准，确保教育机构满足最低要求，并进行监督和评估以促进其自我发展；指导并支持对国家发展有益的项目和研究，提供宏观指导和支持；根据国家教育战略目标管理高等教育机构，包括合理化管理，内部监督管理，执行强制措施如收回资助、撤回认证、暂停项目和关闭学校；管理高等教育发展基金，确保资金的有效使用。通过这些职能，CHED致力于提升菲律宾高等教育的质量、可及性和相关性，满足国家发展的需求。

CHED注重提升制度和项目的执行效率，增强服务效能，并通过收集和整合关键数据来辅助各利益相关者的决策过程。CHED制定了很多政策，例如《菲律宾高等教育中期发展计划（2005—2010年）》、《菲律宾高等教育路线图》（2013年）、《CHED信息系统的战略计划（2007—2011年）》等，显著增强了机构的信息技术资源，包括硬件、软件、人力资源和通信基础设施。2008年CHED出版的《私立高等教育规章手册》为私立高等教育法律的执行提供了规范，《国家高等教育研究议程》提高了教育机构的研究能力和生产力。

CHED下设主席与委员办公室、顾问委员会、国立院校/地方院校事务办公室、高等教育发展基金会秘书处、行政办公室等机构，并在全国15个地区设有地方办公室，确保政策和计划与国家的文化、政治和社会经济发展需求相适应。

主席与委员办公室由主席和四位委员组成，他们由总统任命，负责执行委员会的决策和监督相关事务。委员会主席和委员需要具备至少十年的高等教育工作经验，具有博士学位，具有高度的专业精神，并是其所在研究领域的权威。

顾问委员会协助CHED确保政策和计划既符合国家的文化、政治和社会经济发展需求，又能达到世界一流学术标准。顾问委员会由教育部干事（主席）、国家经济和发展局总干事（副主席）、科学和技术部干事、贸易和工业部干事、菲律宾认证联盟协会主席、私立教育基金会主席等组成，总统还可以根据CHED的推荐增加两名成员。顾问委员会每年至少进行一次磋商，以保证政策的适应性和时效性。

高等教育发展基金会秘书处由一名行政人员领导，负责确定秘书处的人员配置、资格、责任和职能。秘书处还负责制订职位替补计划，并在执行官员的建议下进行编制和批准预算，确保CHED的总体政策和业务指导得以有效实施。

（三）技术教育与技能发展局

菲律宾技术教育与技能发展局（TESDA）根据《1994年技术教育和技能发展法》，由多个政府机构合并而成的，其主要职责是管理和监督技术教育和技能发展。具体来说，TESDA是由国家人力资源和青年委员会、教育部下属的技术和职业教育局以及劳工部的地方就业局的学徒计划工作组合并而成。TESDA在劳动就业部的领导下运作，旨在减少各种公共和私营部门机构在技能发展活动中的重叠现象，并为国家的技术职业教育与培训系统提供全国性的指导方向，而劳动就业部则提供了政策支持、数据统计和协调服务，两者共同致力于提升菲律宾人口的劳动技能和就业能力。

菲律宾的劳动就业部下设多个机构，负责制定和实施劳动及就业领域的政策。以下是一些主要的下属机构：菲律宾海外福利管理局、海外工人福利管理局、专业监管委员会、全国劳动关系委员会、劳动条件局、劳动者特殊关怀局、国际劳工事务局、职业安全与健康中心、技术教育与技能发展管理局。

TESDA下设委员会和秘书处。委员会下设7个办公室和中心，包括政策与规划办公室、合作和联络办公室、全国技术教育和技能发展执行办公室、社区和地方政府服务办公室、证书办公室、行政服务中心、财务和管理服务中心，以及负责地方事务的大区办事处。

委员会拥有技术职业教育和培训的最高决策权，由13名成员组成，包括 6 名政府部门的最高级别官员和 7 名私营部门代表。委员会成员每年至少召开两次会议，其职能包括与行业团体和雇主等协商后颁布政策、计划和项目；组建常设委员会和技术工作组以协调技术教育和技能发展项目；签订和执行合同；批准私立部门的行业技能标准；建立认证制度；支持培训人员培训项目；鼓励双元培训制度实施；收取测试和培训费用；分配资源给核准的方案和项目；确定和批准供资计划；设立咨询委员会提供专业咨询；以及履行其他必要的职责。

TESDA 的秘书处是一个技术和行政支持部门，根据《1994 年技术教育和技能发展法》的规定承担多项关键职责：建立和维护规划进程，制定国家技术教育和技能发展计划，并确保 TESDA 各级成员机构及其他相关实体的参与；为 TESDA 的决策提供基于中等熟练工人人力计划的分析性投入；提出并执行国家技术教育和技能发展计划的建议，提交资源分配方案和项目，定期向 TESDA 报告执行进展，并撰写年度报告供总统审阅；执行和管理学徒方案，编制和实施培训方案，确保计划和项目的一致性，并执行 TESDA 政策规划的活动，同时履行委员会可能委任的其他职能。

TESDA 由总统任命的总干事领导，总干事负责技术和行政人员的全面监督和管理，并领导秘书处。

TESDA 致力于实现一系列目标：提升技术教育和技能发展方案的质量，增强国家国际竞争力；满足市场对优质中等人力的不断变化需求；普及科学和技术知识，鼓励批判性和创造性思维；认可并鼓励公立和私立机构在技术教育和培训系统中的互补作用；通过强调职业道德和理想价值观，如自律、自力更生和民族主义，来培养具有道德品质的人才。这些目标共同推动 TESDA 在技术教育和技能发展领域的进步和创新。

TESDA 在行使其职能时需考虑多个关键因素：已宣布的国家政策，通过技术教育和技能发展项目为提升菲律宾人力资源质量提供新方向和动力；政策执行过程中各社会相关部门的协调与合作；行业团体、行业协会、雇主、工人和政府的平等参与，形成机制，以便紧急需求和建议得到及时关注；在制定国家级计划时，优先加强工业、劳工和政府之间的联系。TESDA 的职能旨在通过综合考虑国家政策、社会合作、行业参与和政府间联系，推动技术教育和技能发展，满足国家发展需求，提升人力资源的整体素质。

二、地方教育行政

（一）学前教育

《幼儿保育和发展法》推动了国家幼儿保育和发展体系的建立，确保学前教育由全国幼儿保育和发展协调委员会领导，从国家到地方各级政府协调一致。委员会在省、市及地方政府层面均设立了相应的协调机构，明确了家庭、社区、私营部门、地方政府和国家机构在幼儿保育和发展中的职责，加强了跨部门和机构间的协作。

地方政府部门是菲律宾基层政府的运营部门。这些部门的任务是通过提供基本公共服务和带头区域发展计划，使政府更贴近人民，为实施幼儿保育和发展项目提供设施和资源。地方政府部门还致力于通过识别和支持幼儿、父母及其监护人，实现国家幼儿保育和发展系统的全面覆盖。此外，地方政府部门还要为儿童发展工作者和儿童发展教师设立职位，并促进他们的专业发展。[1]

---

[1] 资料来源于加查利安网站。

（二）基础教育

菲律宾教育部下面有 17 个大区办事处，负责基础教育事务，大区办事处由大区干事领导。这些大区办事处下设多个省、市学校分部，每个分部由一名学校分部主管负责，进一步管辖相应学区，每个学区设有一名督导。

大区干事的主要职责包括确立教育政策框架、制定基础教育计划、制定教育标准、监测评估学习成果、开发研究项目，并确保人员招募、选择和培训符合国家标准，同时负责预算规划。

学校分部主管负责项目改进、规划、管理、财政、法律及其他支持性服务。主管需在国家教育政策、计划和标准的指导下，发展和实施分部教育发展计划，有效管理资源，雇用和评价督导人员，监督基金使用。

学校分部可以根据大区干事的建议增设学区，学区督导负责提供专业教学建议和支持，监督课程实施。

在学校层面，每所中小学有一名校长负责，政府鼓励公立学校合并为联合学校以提高效率。校长作为教学和行政管理的领导者，需确立学校任务和目标，创造积极的教学环境，发展教育项目和改进计划，引入创新教学模式，管理资源，并鼓励教师发展，以向学生提供高质量的教育项目和服务。

地方政府机构中的地方学校董事会在菲律宾基础教育管理中扮演着关键角色。根据《1987 年行政法》，各省级、市级和自治市均须设立相应的学校董事会，其组织结构、权力和职能均由法律明确规定。

省级学校董事会由省长和学监共同担任主席，成员包括省财政部部长、省家长教师协会选举产生的主席代表、省级教师协会代表以及省公立学校选举产生的非学术人员代表。市级和自治市级学校董事会的构成与省级类似，由市长和市级主管共同担任主席，成员为市级的相应代表。

学校董事会的职责包括：第一，根据教育部规定的标准，确定公立学校的年度运营和维护预算需求，并确保地方补充成本的满足，这些需求应在学校董事会的年度预算中体现，并与特殊教育基金中的不动产特别征费收入相对应；第二，授权省、市、自治市财政局根据预算和规章制度，从特殊教育基金中拨付资金；第三，作为教育事务的咨询委员会，就当地教育拨款的必要性和用途等问题提供咨询；第四，建议更改地方政府管辖范围内公立学校的名称。

在任命地方学校董事会的部门主管、地区主管、校长和其他学校官员时，教育部需咨询当地学校董事会进行并与之协商，确保决策过程的透明度和地方参与度。这样的机制旨在促进地方政府在基础教育管理中发挥积极作用，确保教育资源的有效分配和利用。

（三）高等教育

菲律宾的教育行政管理体系在地方层面设有18个高等教育大区办事处，这些办事处配备技术分部和管理分部，以确保高等教育政策和改革方案的有效执行。大区办事处的关键职权包括：监测国家教育政策和项目的执行，确保大区内学术标准的一致性；互相协商，协调制定符合本区特定需求的高等教育计划和项目；在资源分配和高等教育综合预算编制方面，向中央办公室提供支持；开展并促进研究工作，组织或委托研究项目，为本区提供适用的研究成果和信息；向高等教育机构提供技术援助，制定培训方案以提升教育质量；收集、分析本区高等教育信息，并维护有效的信息管理制度。自独立以来，随着经济的增长，菲律宾已建立了一个包含公立和私立机构的全面的高等教育体系。

（四）职业教育

菲律宾的职业技术教育体系分为正规和非正规两大类。正规职业技术教育主要由公立或私立职业技术学校提供，涵盖从六个月到三年不等的教育项目，旨在为学生提供专业技能和帮助做就业准备。非正规职业技术教育则由各行业、非政府机构和私立培训机构等实施，主要提供不超过六个月的短期培训项目，着重于提升在职劳动者的职业能力。

TESDA 在全国设立了 16 个职业教育大区办事处，由总统任命的大区干事领导，直接受总干事的管理和监督。大区办事处的职能包括：作为技术教育和技能发展委员会的秘书处，监督和协调技术教育和技能发展方案，制定和推荐 TESDA 项目；履行其他必要职责。

TESDA 还设有省/区办公室、大区 TESDA 中心、省/区中心和直接管理的学校。省/区办公室同样由总干事领导，其职能为：作为 TESDA 的省级秘书处，向地方政府提供技术援助，监督和协调职业技术教育和培训项目，审查和建议 TESDA 项目在当地的实施，以及执行可能被授权的其他职责。

菲律宾的职业技术教育机构主要分为 TESDA 学校、私立职业学校、高等教育机构。其中，TESDA 学校作为公立职业教育机构，占职业教育学校的 10%。TESDA 在全国共设有 57 所学校，包括 19 所农业学校、7 所渔业学校和 31 所贸易学校，主要提供中学后教育项目，课程时长通常不超过三年。菲律宾的高等教育机构不仅提供传统的学术课程，也致力于职业技术教育，以满足劳动市场的需求。例如，南伊罗戈斯国立理工学院通过其农业工程、信息技术、工业技术和酒店管理等专业，为学生提供结合职业培训和学术教育的课程。学生在第一年接受职业培训，有机会获得 TESDA 证书这一国家认可的专业资格。随后的三年中，教育课程融合了学术理论学习和实践技能培养，学生在毕业时可以获得本科文凭和学士学位，为日后的职业发展打下坚实的基础。[1] 教育形式的多样性确保了不同背景和需求的

---

[1] 资料来源于 TESDA 官网。

学生都能获得相应的职业技术教育，无论是公立的 TESDA 学校，还是私立的职业学校，或是提供职业技术教育文凭项目的高等教育机构，学生都有机会接受专业的技能培训，为未来的职业生涯做好准备。

菲律宾的职业技术教育体系不仅限于学校，还扩展到社区和企业，实现群体更广泛的覆盖。基于社区的职业技术教育机构，如社区培训和就业中心、非政府组织和地方政府部门，专注于服务社区内的贫困和边缘群体。这些群体往往因技能不足或经济困难而难以获得正规教育和银行贷款，从而面临就业难题。为了支持这些人群自主谋生和创业，社区机构提供生活技能培训及其他支持服务，由当地政府部门和非政府组织负责组织、协调和提供必要的支持。

企业则通过 TESDA 认证，提供包括学徒培训项目、基于工作场所的培训项目和双元制培训项目在内的职业技术教育。学徒培训项目是一种短期培训和就业项目，由注册公司根据行业要求培养合格的熟练工人，学徒期通常为四个月至六个月。基于工作场所的培训项目则是一种在职实践培训，培训期不超过三个月，同样由 TESDA 认证的公司提供。双元制培训项目结合了学校教育和企业实践，学习者在技术和培训中心以及公司之间交替学习，这种模式要求培训师和培训计划都必须获得 TESDA 的认证和批准。

TESDA 在全国各地设立了管理机构，构建了一个权威性的机构网络，以加强技术教育和技能发展的管理与指导。每年，TESDA 都会统一培训数千名管理人员，并将他们分配到全国各地的办事处，以确保服务质量和效率。当私营部门无法提供足够的培训机会，或者培训费用过高、质量不达标时，TESDA 的网络机构将直接介入，为公众提供职业技术教育培训服务。这种管理机制不仅确保了 TESDA 向地方政府部门下放职业技术教育的权力，同时也保留了 TESDA 对私营培训机构进行干预和指导的权力，从而保障了培训质量。

第二节 教育政策

一、政策与规划

（一）《学前班教育法》

2012年1月，菲律宾正式实施了《学前班教育法》，标志着该国学前班教育迈向了免费和强制性的新阶段。该法不仅明确了学前班教育的目标和地位，而且强调了通过法律手段确保全国所有5岁儿童都能获得平等的教育机会，以促进他们在身体、社会、情感、技能和价值观等多维度的全面发展。《学前班教育法》指出，教育是推动幼儿发展的关键途径，特别是在5岁这一关键时期，幼儿的大脑学习能力和吸收能力达到顶峰。因此，适宜的幼儿园教育对于激发幼儿的潜能和促进其学习及技能发展具有至关重要的作用。此外，《学前班教育法》还强调了国家在制定教育政策时，应以幼儿为中心，充分考虑他们的个性需求和差异性，采取多样化的教学方法。这不仅有助于满足不同幼儿的学习需求，也有助于培养他们成为具有创新精神和社会责任感的公民。《学前班教育法》的实施，展现了菲律宾政府对教育公平和儿童早期发展的坚定承诺，为所有儿童提供了一个公平的起点，使他们能够在一个充满关爱和支持的环境中成长，为未来的学习和生活打下坚实的基础。这一举措不仅有助于提升国民的整体教育水平，也是推动社会进步和可持续发展的重要力量。[1]

随着学前班教育的普及，制定统一的课程标准变得尤为重要。《学前班教育法实施细则》要求教育部与初等教育局紧密合作，共同制定《学前班

---

[1] BLOEM J, WYDICK B. All I really need to know I learned in kindergarten? Evidence from the Philippines [J]. Economic development and cultural change, 2019, 7(2): 21-23.

教育基本课程》，以确保教育内容的质量和一致性。同时，该细则还强调了学前班教师专业发展和培训的重要性。教育部需为学前班教师制定明确的专业标准和发展目标，并与教师教育学院合作，提供持续的专业培训，以提升教师的教育教学能力。此外，该细则要求初等教育局与规划服务办公室共同制定幼儿园教育的监督指标，为学前班的监督和评价提供科学依据，确保教育质量和效果的持续提升。通过这些细致的规划和严格的执行，菲律宾的学前班教育正朝着更加公平、高效和专业化的方向发展，为培养全面发展的新一代儿童奠定了坚实的基础。

（二）《2013年强化基础教育法》

2013年5月15日，菲律宾总统阿基诺三世签署了《2013年强化基础教育法》，正式推行K-12计划，对菲律宾的基础教育体系进行了重大调整。根据该法，学生在进入高等教育之前需完成1年的学前班教育和12年的基础教育，后者被划分为小学（一至六年级）、初中（七至十年级）和高中（十一至十二年级）。菲律宾教育部认为，实施K-12计划是应对基础教育领域诸多挑战的最佳方案，并计划在2016年全面推行该计划。作为实施的初步阶段，2012—2013学年，30所公立和私立学校的一年级和七年级学生首先开始学习K-12课程。随后，2013—2014学年，该课程进一步扩展至二年级和八年级，逐步实现对基础教育体系的全面改革。

（三）《高等教育委员会2011—2016年战略规划》

《高等教育委员会2011—2016年战略规划》作为菲律宾阿基诺三世总统任期内的关键教育政策，致力于通过一系列战略性措施推动高等教育的深入改革与发展。该规划全面覆盖了战略制定的基础、目标、措施以及实施保障四大关键领域。其战略基础建立在 2010 年 7 月至 2011 年 6 月 CHED 在高等教育机构与课程的合理化、质量提升及公平化方面取得的成就之上，其中包括减少高等教育机构数量、提升课程质量以及促进教育公平化等改革措施，还特别关注了经济困难学生的资助问题。战略目标聚焦于服务社会发展目标和国家发展目标，明确提出了包容性增长和可持续发展的社会发展目标，并围绕 16 点优先议程展开，涵盖反腐倡廉、减少贫困、经济增长、和平法治、环境及气候变化适应等方面。该战略规划重点明确了五个关键方向：高等教育系统的合理化、教育质量与标准的提升、优质教育机会的拓宽、透明高效管理系统的建立以及组织发展。具体措施包括对高等教育机构与课程的调整、类型和定位、重组；教育质量保障的提高、改进及国际网络的参与；财政援助项目的实施和弹性学习体系的发展；管理系统的改革；以及行政组织发展的加强。此外，规划中的战略目标部署进一步阐明了战略目标和重点的关系，并指出了实现这些目标的具体途径。例如，为确保教育系统的高效管理，需建立一个透明、道德且高效的管理系统；为提升教育质量和相关性，需对教育体系进行合理化并提高标准；为拓宽教育机会，需执行财政援助项目并推动弹性学习。整体而言，《高等教育委员会 2011—2016 年战略规划》为菲律宾高等教育绘制了一幅全面的发展蓝图。

（四）资格框架

2004 年 9 月，菲律宾发布第 358 号行政命令，委托技术教育与技能发展局和高等教育委员会开发国家资格框架。2012 年 10 月，菲律宾将国家资格框架制度化，建立基础教育、职业教育和高等教育一体化的体系。菲律宾国家资格框架从 2012 年起实施，是一个涵盖基础教育、职业教育与技能发展、高等教育的八级证书体系，包括国家证书一至四级、文凭、学士、学士后、博士和博士后（见表 10.1）。[1] 国家资格框架的建立为不同教育和培训部门的学习成果提供了统一的认定标准，为国家层面的监管和质量保障提供了条件。资格框架便于学生和劳动者在不同教育和培训部门之间流动，有利于终身学习体系的建立和完善。菲律宾国家资格框架与国际资格框架的接轨，也便于学生和劳动者的国际流动。

表 10.1 菲律宾国家资格框架 [2]

等级	基础教育	技术教育和技能发展	高等教育
第 8 级			博士学位/博士后
第 7 级			学士后学位
第 6 级			学士学位
第 5 级		文凭	
第 4 级		国家证书四级	
第 3 级		国家证书三级	
第 2 级	12 年级	国家证书二级	
第 1 级	10 年级	国家证书一级	

2021 年 10 月 29 日，菲律宾教育部正式颁布《菲律宾职业技术教育与培训国际化框架》，旨在为菲律宾 TVET 的国际活动提供全面的行为指南和重要保障。该框架包含起草背景，强调国际化在提升教育质量和全球竞争力中的重要性；术语界定，确保对 TVET 国际化相关概念的统一理解；实施框架，提出国际合作、课程国际化、师生国际流动、资格认证对接等策略；行为指南，指导教育机构、教师、学生和行业合作伙伴有效实施国际

---

[1] 资料来源于菲律宾国会官网。

[2] 资料来源于菲律宾教育部官网。

化活动；重要保障，明确政府和各方在资源、支持和政策上的责任；质量保证，建立机制以确保教育项目维持高标准；监测与评估，定期评价国际化效果并调整策略；利益相关者参与，促进各方积极参与 TVET 国际化进程。该框架的实施有助于提升菲律宾 TVET 的国际地位，为青年提供国际视野和职业机会，同时培养具备国际竞争力的人才，支持国家经济发展。

二、实施与挑战

（一）政策制定存在教育盲区

近年来，菲律宾教育政策的制定聚焦于多维度提升，如增强整体教育水平，促进入学机会的均衡分配，着重培养学生的社会适应力与创新能力，同时致力于构建积极向上的学习环境，并加速提升教师队伍的专业素养。然而，面对菲律宾复杂的地理条件以及区域间教育发展的显著不平衡，这些政策在追求全面覆盖与广泛包容性时面临挑战，难以充分契合所有地区及不同社会阶层的特定需求。

例如，K-12教育计划是一个旨在全面提升教育质量和缩小不同社会经济背景学生入学差距的宏大项目。然而，在实际推行过程中，这一计划面临了诸多挑战，不仅涉及硬件设施不足的问题，还涉及软件方面的诸多问题，如师资力量、培训体系、薪资待遇等。

首先，从硬件设施来看，许多地区的学校基础设施严重不足。一些学校甚至无法为所有学生提供基本的学习空间和必需的教材，这直接影响了学生的学习效果和教育质量。在一些偏远地区，受交通不便和地理环境的限制，学校建设的难度很大，导致这些地区的教育设施更加落后。

其次，师资力量的短缺也是一个突出问题。许多地区难以吸引和留住优秀的教师，尤其是在偏远和贫困地区。教师的招聘和培训机制不完善，导致教师的专业素质和教学能力参差不齐。此外，教师的薪资待遇普遍较低，这也使得许多有才华的教师选择离开教育行业，转而从事其他职业。

最后，培训体系的不完善也是一个重要因素。许多教师缺乏系统的培训和继续教育的机会，这使得他们在教学过程中难以跟上教育改革的步伐，难以掌握新的教学方法和教育理念。这种情况不仅影响了教师自身的职业发展，也对学生的教育质量产生了负面影响。

因此，在菲律宾教育政策制定的复杂过程中，尽管决策者努力寻求平衡与改善，但往往受限于各种现实因素，导致政策实施时仅能较为片面地照顾到一部分人的利益与需求。这种局限性不仅体现在对不同地区教育资源分配的不均衡上，还深刻影响着不同社会经济背景学生的受教育机会与质量。同时，由于菲律宾地形多样，加之地区间经济发展水平、文化习俗及教育基础设施的巨大差异，政策制定难以一蹴而就地解决所有问题，难以做到全面覆盖与深度满足。

（二）政策制定缺乏可持续性

菲律宾教育政策制定中缺乏可持续性的问题，是一个深刻且多维度的挑战，它不仅与国家发展的经济基础有关，还与政治生态的复杂性，以及社会结构与文化传统的多样性有着紧密的联系。

菲律宾是一个由众多岛屿组成的国家，地区间经济发展差异显著，这直接影响了教育资源的分配。一些偏远或贫困地区的教育设施、师资力量和教学质量远远落后于城市或发达地区，导致教育机会和教育质量的不平等。这种资源分配的不均衡限制了教育政策的可持续性。

在政策制定和执行过程中，由于政治变动、领导人更替或利益集团的影响，教育政策往往缺乏长期规划和连贯性。政策的频繁变动不仅使教机构和教师难以适应，也影响了教育投资的稳定性和预期效果，从而削弱了教育政策的可持续性。

菲律宾是一个发展中国家，面临着贫困、高失业率、不平等和冲突等多重社会经济挑战。这些挑战限制了政府对教育的投入能力，也影响了家庭对子女教育的支持程度。贫困家庭往往难以承担教育费用，导致辍学率上升，进一步加剧了教育不平等现象，影响了教育政策的可持续性。

同时，尽管菲律宾政府一直在努力提升教育质量，但实际效果并不理想。这主要是由于师资力量不足、教学方法落后、教育资源匮乏以及评估体系不完善等原因造成的。教育质量不高不仅影响了学生的学业成就和未来发展，也削弱了教育政策的公信力和可持续性。

（三）政策制定缺乏反馈机制

菲律宾教育政策制定过程中的一个显著问题是缺乏及时且有效的反馈机制。这种缺失首先体现在政策可能无法紧跟教育系统的实际动态与需求变化，政策内容与现实情况相脱节。同时，由于反馈渠道不畅或缺失，公众难以有效地参与政策讨论，其意见与建议无法充分融入政策制定中，这不仅削弱了政策的公众基础，也降低了其接受度和支持度。此外，反馈机制的不完善还使政策制定过程显得不够透明，进一步削弱了公众对政策的信任与满意度。

其次，反馈机制的不足也深刻影响着政策的公平性与有效性。具体而言，当教师、家长、学生等关键利益相关者的声音无法通过反馈机制被充分听取和考虑时，政策的制定就可能偏向某一特定群体，从而损害其公平性。更甚者，某些群体的意见和需求可能完全被忽视，加剧了教育政策在公平性方面的问题。

再者，缺乏反馈机制还严重制约了政策的持续改进与优化。政策制定者难以获得政策实施效果的实时反馈,这如同在黑暗中摸索前行,难以准确判断政策的方向与成效,更无法及时做出调整。同时,反馈机制的缺失也限制了政策制定过程中的创新思维,因为政策制定者失去了从公众与利益相关者处获取新颖观点与创意的机会。

最后,沟通不畅是反馈机制不完善带来的另一大问题。它不仅阻碍了政策制定者与公众之间的有效对话,降低了政策的接受度与执行效果,还可能导致政策资源在分配上的不均衡,以及无法精准对接不同地区和群体的实际需求,进而影响了教育资源的有效利用与整体教育质量的提升。

第十一章 中菲教育交流

第一节 交流历史

一、古代交流史

14世纪前后，菲律宾出现了由土著部落和马来族移民构成的一些割据王国，其中最著名的是14世纪70年代兴起的苏禄王国。[1] 之后，菲律宾群岛上的吕宋、蜂牙施兰、苏禄王国与中国建立政治和贸易关系，彼此贸易往来主要通过两条重要航线：一是从金门岛的太武出发，到吕宋岛的马尼拉；二是从泉州南下吕宋、巴拉望到文莱。每年约有数十条船从马尼拉开往中国。双方交易的货物多为黄金、槟榔、棉花、木棉、黄蜡、珍珠、玳瑁、棉布、竹布、椰子、火药、青铜、瓷器、耕畜、耕具、铁器、绸缎蓝布等。至明朝永乐年间，郑和下西洋曾经数次到达苏禄王国。永乐十五年（1417年），苏禄国王及家眷随从等共三百余人访问中国。1565年，西班牙殖民者开始入侵菲律宾，此后中菲政治关系逐渐中断，但经济和文化联系并未断绝。

菲律宾不仅生产技术得益于在菲华人的帮助，文化上也受到中国的影响。特别是中国广东、福建沿海地区与菲律宾群岛地理上相近，因此很早就有华人南渡，在菲繁衍生息。因此，许多中文词汇，尤其是闽南方言，

---

[1] 中华人民共和国外交部. 菲律宾国家概况 [EB/OL]. （2024-04）[2024-05-15]. https://www.mfa.gov.cn/web/gjhdq_676201/gj_676203/yz_676205/1206_676452/1206x0_676454/.

逐渐融入菲律宾的语言体系中。[1] 1899 年，第一所华侨学校——大清中西学堂成立，标志着菲律宾华文教育的开始。

二、中菲建交后的教育交流

菲律宾于 1975 年 6 月 9 日与中国建交。1978 年，中菲双方就已签署《科技合作协定》，并于次年签署了《文化合作协定》。1983 年，中国与菲律宾等 20 个国家都参与签署了亚洲和太平洋地区承认高等教育学历、文凭和学位的地区公约。2003 年 3 月 12 日菲律宾共和国高等教育委员会和中华人民共和国国家对外汉语教学办公室之间的谅解备忘录在马尼拉签署。2006 年，为了增进与中国教育界的联系，加强教育文化学术交流，菲律宾华教中心与中国教育国际交流协会签订了《友好合作谅解备忘录》。2007 年 3 月，菲律宾高等教育委员会和中国教育部在马尼拉签署了《教育合作谅解备忘录》，进一步深化双方的教育交流与合作。同年 10 月，中菲双方在北京签署菲律宾汉语教师预备合作计划谅解备忘录。

2008 年，为促进中菲两国在教育领域的交流合作，在平等互利且遵守两国现行法律、法规的基础上，中国就与菲律宾关于相互承认高等教育学历和学位达成协议。2009 年 11 月，两国在马尼拉签署了《高等教育学历互认协议》，旨在促进两国高等教育学历学位互认，便于两国学生前往对方国家进一步学习深造。[2] 两国在不断加强深化教育领域的合作，推出的相关举措对于各个层级的教育发展和跨国交流都非常有益。[3]

---

[1] 刘振平，闫亚平，罗庆铭. 东盟华文教育政策的历史演进与深层动因探赜 [J]. 北部湾大学学报. 2020，35（7）：52-58+80.

[2] 赵坤，汪滢. 中国—东南亚高等教育合作研究 [M]. 北京：北京理工大学出版社，2022：190.

[3] 徐丽丽. "一带一路"倡议下中菲汉语教学合作的挑战与对策——以孔子学院为视角 [J]. 国际中文教育（中英文）. 2021，6（2）：74-82.

"一带一路"倡议提出以后，中菲双方在教育、培训和科学研究等方面发展了多边、多样的合作形式。2016年，罗德里戈·杜特尔特总统访问中国。访问期间，两国签署了《中华人民共和国与菲律宾共和国联合声明》。其中提到要加强高等教育合作：两国相互承认资格，促进终身学习和专业实践；增加列入两国注册的大学数量；通过奖学金、培训计划和国事访问进行讲师和学生交流；传播有关高等教育结构、学习质量、绩效标准、结果评估、方法论发展、学生问题和资格框架的信息；制定学分转移协议；鼓励参与教育大会、研讨会、座谈会、培训课程和展览；加强语言研究合作并在菲律宾建设更多孔子学院。

2018年，两国领导人举行会谈，双方签署了《中华人民共和国政府与菲律宾共和国政府关于共同推进"一带一路"建设的谅解备忘录》。在教育领域，双方充分肯定了包括职业技术教育与培训在内的教育交流对增进两国了解与友谊的重要作用，积极鼓励双方教育行政部门及各级各类教育机构积极开展务实合作，并确定了中方于2019—2021年在原有基础上每年向菲方新增50个中国政府奖学金新生名额。同时，双方表示将共同落实两国《文化合作协定2019—2023年执行计划》，鼓励两国文化机构加强交流合作。此外，中方将在菲律宾设立中国文化中心，双方支持两国省市间缔结更多友好关系，以促进民心相通。同年，在博鳌论坛签署的《关于菲律宾英语语言教师来华工作的谅解备忘录》正式落实菲律宾英语教师在华工作安排，表明中方认可菲律宾教师在高等教育机构担任英语教师的资格和能力以及双方致力于保护和促进有关教师在工作中的福利，为促进中菲两国语言交流奠定了基础。2019年，中国国家主席习近平和菲律宾总统罗德里戈·杜特尔特签署了两份谅解备忘录：一份是关于菲律宾高等教育管理机构与中国教育部之间的高等教育合作，另一份是关于菲律宾科技部与中国科技部之间的科技合作，进一步深化了中菲在高等教育领域的交流与合作。[1]

---

[1] 赵坤，汪滢编. 中国—东南亚高等教育合作研究[M]. 北京：北京理工大学出版社，2022：191.

在来华留学方面，中国也向菲律宾学子敞开了大门。根据统计数据，中国政府在1978—2015年向菲律宾学生提供了198个奖学金名额。2015年，在中国学习的菲律宾留学生总数为3 343人。2018年1—10月，有106名菲律宾留学生赴中国学习。

第二节 交流原则与概况

一、交流原则

自建交以来，两国政府一致认为，一个国家的经济、政治和社会制度，只能由这个国家的人民自己选择，不应受到外来干涉。中国和菲律宾经济、政治和社会制度的不同，不应妨碍两国和两国人民按照互相尊重主权和领土完整、互不侵犯、互不干涉内政、平等互利的原则和平共处并建立和发展和平友好关系。两国政府同意在上述原则基础上，通过和平手段解决一切争端，而不使用武力或以武力相威胁。中菲建交以来，关系总体发展顺利，两国领导人和高层互访不断，各领域合作不断加强和拓展。1996年江泽民主席对菲进行国事访问期间，两国领导人就南海问题达成"搁置争议，共同开发"的重要共识和谅解。2000年，中菲两国签署了《中华人民共和国政府和菲律宾共和国政府关于21世纪双边合作框架的联合声明》，确定在睦邻合作、互信互利的基础上建立长期稳定的关系。2005年胡锦涛主席对菲进行国事访问，两国领导人确认建立致力于和平与发展的战略性合作关系。2018年11月，习近平主席对菲进行国事访问，两国领导人一致决定建立全面战略合作关系。

菲律宾总统马科斯于2023年1月3日至5日对中国进行国事访问。两国元首强调保持双边关系良好发展势头至关重要，一致同意在新形势下进一步加强中菲全面战略合作关系，做互帮互助的好邻居、相知相近的好亲戚、互利共赢的好伙伴，推动双边关系再上新台阶。双方同意探讨商签合作开展菲律宾中小学中文教育项目的谅解备忘录、加强农业技术教育合作的谅解备忘录，以及高等教育合作备忘录等协议。双方同意就教育政策制定与监管加强沟通合作，确保高质量推进各自高等教育体系建设。

二、交流概况

（一）华文教育

语言研究是文化互动的重要方面。学习和精通中文对菲律宾人来说是理解和融入中国社会、政治和文化的关键。20世纪90年代末，菲律宾华文教育研究中心宣告成立。经过艰辛的摸索，华文教育终于取得了初步成效。当年的首批学生如今已经走向社会，他们当中的许多人成为具有中华文化修养的菲律宾模范公民。

实际上，菲律宾教育部已正式将中文列为菲律宾公立中学通用课程体系的主要外语。目前，菲律宾有82所公立中学提供中文课程，并为菲律宾教师开设了多门中文课程。菲律宾人越来越热衷于学习中文，尤其是出于学习、工作和商务目的。

值得注意的是，中国政府十分关注海外侨胞的华文教育问题。早在2004年3月，国家主席胡锦涛在参加全国政协会议时，就对加强华文教育工作做出了重要指示。2004年4月，"国家海外华文教育工作联席会议"在北京召开，会上发布了《2004—2007年海外华文教育工作规划》。同年9月，以募集资金服务海外华文教育为宗旨的"中国华文教育基金会"正式挂牌。国务院侨办还增加了华文教育专职工作人员的编制,恢复了专司华文教育的管理机构。这一切都在向数千万海外华侨华人传达一个信息:华文教育在新世纪初迎来了春天。

据悉,中国计划从 2005 年起,每年邀请 1 000 位海外华校教师回国接受培训;安排专家赴国外培训华文教师,使接受培训的华文教师增加到 6 000—8 000 人次;招收华裔青少年和华校现职教师到中国接受系统培训和学历教育;选择国内一些华文教育基地院校,尝试合作开展华文教师函授培训工作。2006—2015 年,菲律宾共建立了四个孔子学院,鼓励更多的菲律宾人学习中文。

(二)孔子学院

从 2006 年 10 月到 2015 年 10 月,菲律宾共建立了四所孔子学院,包括阿特内奥·德·马尼拉孔子学院(2006 年)、布拉干省立大学孔子学院(2009 年)、安吉利斯大学基金会孔子学院(2010 年)和菲律宾大学孔子学院(2015 年)。这四所孔子学院均采用三方合作模式运营,合作方为东道主大学、中国合作大学和中外语言交流合作中心。[1] 孔子学院的运营经费由中外语言交流合作中心和东道主大学按 1:1 的比例共同承担。中外语言交流合作中心为孔子学院提供启动资金和年度项目经费,提供教材和多媒体课件等教学资源,授权使用在线课程,并根据菲律宾大学的需求派遣中文专业教师和志愿者教师。同时,东道主大学为孔子学院提供场地和办公设施。他们还为孔子学院提供行政人员并支付相关费用。在这种合作模式下,东道主大学充当平台,使孔子学院能够在很短的时间内向大量当地学生推出自己的课程和活动,并有效缓解了作为跨文化语言机构的孔子学院在菲律

---

[1] 曹叠峰. 各国语言推广机构运营模式和决策机制的比较分析 [J]. 湖南师范大学社会科学学报,2014,43(1):141-147.

宾可能出现的"文化不适应"问题。同时，作为东道主大学，他们扩大了为当地社区服务的领域，并提高了自身的综合实力。此外，中国和菲律宾大学之间的合作也为学生提供了促进校际交流和培养国际视野的机会。通过合作与协商对孔子学院进行管理，三方旨在实现互利共赢。[1]

这四所孔子学院的服务主要集中在语言教学和文化交流。他们还提供定制的中国文化课程，组织当地教师培训、教学研讨会、讲座、讲习班、社区文化活动等。这四所孔子学院还鼓励和组织学生参加"汉语水平考试""汉语口语水平考试""青少年汉语考试""商务汉语考试"。此外，孔子学院还提供翻译、奖学金申请和教育咨询等其他服务。[2]

每所孔子学院都有自己关注的目标群体。例如，马尼拉雅典耀大学孔子学院在其主校区外的马尼拉地铁中心地区马卡蒂开设了一个新办事处。该办事处向来自商业部门和外交使馆的专业人士提供收费的普通话课程。布拉干州立大学孔子学院专注于在大学教授普通话。其首要任务是将普通话纳入大学的学分体系。安赫莱斯大学基金会孔子学院是菲律宾教育部SPFL项目的合作伙伴。它负责菲律宾公立中学普通话课程的课程设计，并努力将普通话课程融入菲律宾基础教育体系。此外，其核心任务是培训菲律宾中文教师并编制本土化中文教材。菲律宾大学孔子学院于2015年10月成立，依托东道主大学的特殊地位和资源，自成立以来发展迅速。现在该孔子学院有三大主要学生来源，包括东道主大学九个校区、菲律宾政府机构和隶属于菲律宾城市联盟的145所城市学院。[3]

截至2017年年底，马尼拉雅典耀大学孔子学院的学生人数已增至

---

[1] XU L, WANG H. Analyses on the present situation and prospect of Confucius institutes in the Philippines [J]. Advances in social science, education and humanities research, 2019, 336: 975.

[2] XU L, WANG H. Analyses on the present situation and prospect of Confucius institutes in the Philippines [J]. Advances in social science, education and humanities research, 2019, 336: 975.

[3] XU L, WANG H. Analyses on the present situation and prospect of Confucius institutes in the Philippines [J]. Advances in social science, education and humanities research, 2019, 336: 976.

16 433人。布拉干州立大学孔子学院的注册学生总数已达到3 700人。而安赫莱斯大学基金会孔子学院的教学点数量已达到95个，开设了1 108个班次，学生人数达到30 118人[1]。截至2019年4月，菲律宾大学孔子学院已招收了1 000多名学生。[2]

（三）职业教育

2016年，教育部发布了《推进"一带一路"共建教育行动》，其中明确指出，鼓励中国的高质量职业院校加强与"一带一路"共建国家交流，强调产学研结合、合作办学、合作办学多层次职业教育，积极探索职业教育新的合作模式。[3]

近年来，中国和菲律宾职业学校之间的交流也越来越多，校际交流也变得更加频繁。2018年10月29日，菲律宾恩德隆学院院长洛伊达·克拉罗·弗洛霍女士访问了浙江东方职业技术学院，并决定在职业教育方面开展研究生推广、交换学生、学生实习、教师培训等合作。[4] 2018年6月30日，河南护理职业技术学院与菲律宾莱西姆大学签署了校级合作框架协议。双方同意合作建立国际护理学院，开展护理和口腔医学合作教育，共同组织教育研究活动和项目交流，信息和文化共享，师生培训交流等。中国和菲律宾的学生也继续扩大互访和交流。广西壮族自治区、福建省等地为来自东盟国家的留学生设立了奖学金。福建省还设立了省级政府专项奖学金。这些地方的高等职业院校因此成为菲律宾学生的主要目标机构。

---

[1] 赖林冬."一带一路"背景下孔子学院融入大学发展研究——以菲律宾四所孔子学院为例[J]. 比较教育研究. 2018, 40（9）：3-10.

[2] XU L, WANG H. Analyses on the present situation and prospect of Confucius institutes in the Philippines [J]. Advances in social science, education and humanities research, 2019, 336: 976.

[3] 吕伊雯，潘金晶. 在"一带一路"建设下加强中国与菲律宾人文交流——访菲律宾驻华大使乔斯·圣地亚哥·罗马纳[J]. 世界教育信息，2018, 31（10）：3-6.

[4] 资料来源于浙江东方职业技术学院官网。

（四）高等教育

千禧年之后，菲律宾高校与中国高校积极开展合作办学项目。2009年5月，厦门理工学院与菲律宾德拉萨大学签署合作办学协议，根据协议，双方可以在5年内开展为期7—10天的文化交流以及为期10天的教师培训等各种形式的短期交流；另外，双方初定在传播艺术和信息技术等领域开展国际合作办学项目。德拉萨大学主要负责派遣教师来厦门理工学院教授专业课程。[1] 此外，北京国际金融学院与圣保罗大学、江西教育学院与菲律宾亚当森大学、重庆信息技术职业学院与雅典耀大学、安徽国华教育专修学院与菲律宾师范大学、郑州大学与菲律宾世界城市大学、浙江商业职业技术学院与圣路易斯大学等也都开展了合作办学项目。[2]

在科研合作与教育产业方面，中菲双方充分发挥各自的优势和潜力加强交流。中国部分高校与菲律宾高校在多个领域展开合作，例如，为全面推进与菲律宾在海洋领域的科技合作，中国海洋大学与菲律宾八打雁国立大学签署合作备忘录，中国科学院海洋研究所与菲律宾大学签署合作备忘录。此外，中国还同菲律宾开展了教育产业的相关合作。2018年9月，中菲教育产业合作论坛在京举行，论坛以"联通'一带一路'：文化、人才与教育"为主题，聚焦如何建立和发展特色教育体系，促进中菲两国教育全方位、多层次、宽领域的合作。[3]

2023年，菲律宾十所高等教育机构与中国高等教育机构签署了谅解备忘录。在谅解备忘录中，高等教育被确定为合作的优先领域。菲律宾和中国高等院校之间的伙伴关系涵盖了多个领域，包括教育交流、合作研究项目、学生交流、联合学术项目以及学生和教师的国际流动。[4] 例如，马里亚

---

[1] 赵坤，汪滢. 中国—东南亚高等教育合作研究[M]. 北京：北京理工大学出版社，2022：190-191.
[2] 赵坤，汪滢. 中国—东南亚高等教育合作研究[M]. 北京：北京理工大学出版社，2022：191.
[3] 赵坤，汪滢. 中国—东南亚高等教育合作研究[M]. 北京：北京理工大学出版社，2022：192.
[4] 资料来源于知识评论网。

诺·马科斯州立大学与广州新华学院国际教育中心合作,在卫生科学、计算机科学和信息技术、商业、会计和工程等领域开展跨国教育和微证书课程;马巴拉卡特城市学院与石家庄铁路职业技术学院签署了一项历史性的机构协议,为菲律宾学生提供铁路维护和修理证书,这两个项目在菲律宾是首创。[1] 这些伙伴关系有望促进菲律宾和中国高等教育院校之间的学术进步、文化交流和合作发展,进一步丰富两国的高等教育格局。[2]

第三节 案例与思考

一、案例:孔子学院

由于孔子学院都设立在菲律宾的大学中,因此,在某些关键事项上缺乏主动性,如学生入学,特别是公立大学的孔子学院。其次,孔子学院缺乏财务独立性。总部每年的资金直接拨付到所在大学的财务账户。由于报销流程漫长,财务程序复杂,孔子学院活动的开展也受到了一定程度的影响。[3] 四个孔子学院自身在沟通合作方面也存在一些问题。虽然它们都受到孔子学院总部的统一管理和指导,但它们在菲律宾的业务布局和发展基本上是分开进行的。一些孔子学院由于地理位置相近而成为业务竞争对手,这不利于资源的整合和协调发展。[4] 此外,孔子学院工作人员的组成相对

---

[1] 资料来源于亚洲新闻网络网。

[2] 资料来源于知识评论网。

[3] XU L, WANG H. Analyses on the present situation and prospect of Confucius institutes in the Philippines [J]. Advances in social science, education and humanities research, 2019, 336: 976.

[4] XU L, WANG H. Analyses on the present situation and prospect of Confucius institutes in the Philippines [J]. Advances in social science, education and humanities research, 2019, 336: 976.

简单。中国员工在孔子学院中承担着大部分行政和教学工作。工作人员数量和职业类型短缺的人力资源问题阻碍了孔子学院提供教学以外的其他服务。在这种情况下，孔子学院很难扩大其业务领域。因此，除了专业汉语教师项目的学员外，孔子学院培训的大多数学习者很难在人力资源市场上受到关注。

二、思考

（一）拓展资金来源

作为非营利性教育机构，在实现公共利益最大化的基础上，孔子学院也应该注重建立内部可持续发展的动态机制。目前，马尼拉雅典耀大学孔子学院的马卡蒂分部在调查其目标群体及其经济状况后，已经向公众推出了收费课程。收入用于改善教学设施，支持独立的孔子学院活动，赞助孔子学院学生。这种模式形成了"生产和销售"的良性循环。这种部分商业运作模式在一定程度上增加了孔子学院在活动中的自主权，也为孔子学院的可持续发展提供了有益的思路。这个例子值得其他孔子学院学习。除了相互学习，这四个孔子学院还应建立区域合作机制，充分利用主办大学及其合作大学的资源，整合课程建设、学术交流、学生招募、社区服务等优势，避免四个孔子学院之间因同质化而造成资源浪费。[1]

（二）实现孔子学院角色多样化

随着"一带一路"倡议的提出，中菲两国在基础设施建设、贸易、文

---

[1] XU L, WANG H. Analyses on the present situation and prospect of Confucius institutes in the Philippines [J]. Advances in social science, education and humanities research, 2019, 336: 977.

化、教育等领域开展了更多合作。因此，中文在菲律宾社会中的实用价值和意义价值正在日益增加，越来越多的菲律宾人开始了解中国文化。借此机会，孔子学院应利用其位于当地大学的优势，以语言教学为基础，加强其在商业内容方面的建设，创新不同的交流方式，从语言学习课堂转变为引发文化交流、科技合作和信息咨询的资源平台。孔子学院不仅是中国人"走出去"的桥梁，也是菲律宾文化"走进来"的平台，是两国文化交流的信息枢纽，这将更好地促进两国之间的合作和文化交流。[1]因此，为了保障其发展和完善，孔子学院应建立专业的语言服务团队，吸引更多专业人员支持孔子学院在管理、语言服务、学术研究和信息技术方面进行创新。[2]

（三）开发数字化教学

在新媒体环境下，有必要利用数字媒体工具向世界介绍中国语言和文化。目前，数字媒体可以通过两种方式支持孔子学院的发展：第一，将宣传渠道转化为数字媒体；第二，利用现代教育技术，以数字形式升级其教学和服务。菲律宾人对在线语言学习和教学系统并不陌生。因此，孔子学院应该利用新媒体，特别是当地主流媒体、应用程序和网站作为宣传渠道，鼓励在媒体上进行互动和交流，为孔子学院建立在线社区。同时，孔子学院应该改进其网站建设和在线学习资源开发。例如，学生应该能够在孔子学院官方网站上完成课程注册和报名，获得图书馆服务，下载学习资源，并与教师进行交流。[3]

---

[1] 徐丽丽，余可华. "一带一路"新形势下的菲律宾汉语教学发展策略探析 [J]. 国际汉语教育（中英文），2018，3（1）：91-99.

[2] XU L, WANG H. Analyses on the present situation and prospect of Confucius institutes in the Philippines [J]. Advances in social science, education and humanities research, 2019, 336: 977.

[3] XU L, WANG H. Analyses on the present situation and prospect of Confucius institutes in the Philippines [J]. Advances in social science, education and humanities research, 2019, 336: 978.

（四）建立校友体系

学生是孔子学院的重要资源。对中文和中国文化充满热情的当地学生，对自己曾经学习的孔子学院有着特殊的感情，这种情怀对于帮助孔子学院提升声誉来说是非常重要的社会资源。因此，孔子学院应该鼓励孔子学院学员之间的交流，根据他们的培训类型和数量建立校友会。这样，孔子学院可以成为当地中国企业的人力资源顾问，帮助寻找和保留熟练掌握当地政治、经济、历史、文化和社交习俗的双语专业人士。此外，孔子学院还可以建立像"菲律宾日本学生联合会"和"韩国文化学院当地学生大使"这样的组织，以帮助他们在当地社区进行推广和宣传。此外，与当地的华文学校和企业合作是更深入地参与当地社会的有效方式。孔子学院可以为新移民推荐学校，为企业提供定制培训。此外，孔子学院应该加强与中菲学校的合作，作为信息中心和教育代理机构，为菲律宾学生到中国留学和为新移民到菲律宾入学提供信息和建议。最后，孔子学院可以利用自己的图书资源建立文化中心或孔子学院图书馆，鼓励进行汉学研究，并支持"把中国经典引向世界"的项目。[1]

---

[1] XU L, WANG H. Analyses on the present situation and prospect of Confucius institutes in the Philippines [J]. Advances in social science, education and humanities research, 2019, 336: 978.

结　语

　　菲律宾的教育体系在其悠久的历史中深受殖民统治的影响，其形成与发展保留着西班牙、美国和日本等殖民时期的学制特点，这些外来影响与菲律宾本土文化交织融合，形成其独特的教育制度风貌。前西班牙时期的菲律宾教育是非正式的。16世纪时，西班牙殖民者来到菲律宾群岛，开始了对菲律宾300余年的殖民统治。初期的教育体系以天主教精英教育为基础，西班牙殖民统治后期的菲律宾建立了中等教育层次的学校以及专门的男校和女校。革命时期的菲律宾政府颁布了《马洛洛斯宪法》，规定政教分离，实行免费义务初等教育制度。1898年，美西战争爆发，西班牙战败，菲律宾成立了共和国，但实际仍由美国进行殖民统治，直到二战时期。美国殖民统治时期，菲律宾建立了高度集中的公立学校制度。菲律宾联邦政府时期颁布了宪法，确立了公立教育体系。1942年，日本入侵菲律宾，占领了菲律宾全境，建立了菲律宾第二共和国傀儡政权。自此，菲律宾又进入了日本殖民时代。日本占领时期并没有对菲律宾教育体系做出显著的改变。菲律宾独立后，菲律宾教育事业发展进入了一个新时期。

　　华文教育在菲律宾教育史上也留下浓墨重彩的一笔。中菲两国一衣带水，是地缘相近、血缘相亲、文缘相通的友好邻邦，历史传承的友谊和合作将两国紧紧相连。值得一提的是，自1899年第一所华侨学校在菲律宾成立起，华文教育在这片土地上已经历经了125个春秋的发展。在20世纪

70年代，菲律宾政府发布法令，推动全国侨校的"菲化"改革，此举标志着菲律宾华文教育历史上的重大转折。此前，华文教育主要聚焦于旅居菲律宾的华人子弟，致力于为中国培养栋梁之材。然而，法令实施后，华文教育的焦点转向了在菲的华人社群，旨在培育具备中华文化底蕴的菲律宾本土人才。在当今时代背景下，华文教育不仅承载着传承中华文化的重任，更成为推动中菲两国在多领域交流合作的桥梁，为增进两国友谊与互信、促进两国人民相知相交贡献了重要力量。同时，作为促进不同文明交流与互鉴的宝贵平台，华文教育也展现了其独特的价值和意义。

近年来，中菲两国政治互信持续增强，政府间对话磋商机制日益完善，在贸易、投资、旅游及人文交流等多个领域均取得了显著成就，双边关系稳步向好。随着"一带一路"倡议的深入推进，中菲两国的交流与合作日益频繁。2018年，中菲双方签署教育合作备忘录，象征着两国关系迈向新的历史高度。同年，双方还签署了《关于聘用菲律宾英语教师来华谅解备忘录》，通过政府层面的安排，有效推动了国际专业人才的交流。2019年，在两国领导人的共同见证下，中国教育部部长与菲律宾高等教育委员会主席在钓鱼台国宾馆正式交换了《中华人民共和国教育部与菲律宾共和国高等教育委员会高等教育合作谅解备忘录（2019—2024）》，进一步加深了教育领域的战略合作。2023年，根据外交部发布的《中华人民共和国和菲律宾共和国联合声明》，双方重申持续加强教育合作的重要性，以推动两国青年和专业人士增进了解、深化共识。双方还计划探讨并签署一系列教育合作备忘录，涵盖菲律宾中小学中文教育、农业技术教育以及高等教育等多个方面。此外，双方还同意在教育政策制定与监管方面加强沟通合作，以确保各自高等教育体系的高质量发展。

此外，菲律宾还有另一个身份不容忽视。菲律宾是东南亚国家联盟的创始成员国之一，也是重要建构者，影响了东盟战略发展的方向。2015年12月31日，以政治安全、经济以及社会文化三大共同体为核心的"东盟共同体"正式宣告成立，教育作为社会文化共同体的重要核心部分，是加速东盟区域一体化整合与深化进程的关键要素。东盟教育区域化建设的根本动因在于融入并促进东盟共同体建设，发挥教育软实力以提升东盟各国实力和国际影响力。为此，菲律宾积极响应东盟共同体教育战略框架，并针对本国教育系统进行了全面规划与资源整合，内容涵盖教师与行政人员能力培养、课程设置与评估标准强化、教育教学质量提升、教育研究范式创新、教育机会均等促进以及教育管理水平提高等核心领域，旨在实现菲律宾教育体系在东盟地区的全面优化与发展。

东盟作为中国的近邻和重要合作伙伴，在共建"一带一路"倡议中扮演着至关重要的角色。"一带一路"倡议自提出以来，已经与东盟国家的多项发展战略实现了有效对接，推动了区域内的互利合作与发展。在"一带一路"框架下，中国与东盟国家在基础设施建设、教育合作、人文交流等多个领域开展了深入合作。印尼的"全球海洋支点"构想、越南的"两廊一圈"、泰国的"泰国 4.0"战略、柬埔寨的"四角战略"以及文莱的"2035 宏愿"等，都与"一带一路"倡议相辅相成，共同促进地区经济、教育、文化的发展。菲律宾作为 21 世纪"海上丝绸之路"的重要节点，与中国在"一带一路"建设中的合作具有特殊意义。中国公共外交协会副会长胡正跃表示，中菲在深化"一带一路"框架下务实合作，符合各方推动区域合作进程的需求，势必为增进中国—东盟合作做出有益贡献。

参考文献

一、中文文献

冯增俊，卢晓中. 战后东盟教育研究 [M]. 南昌：江西教育出版社，1996.

古小松. 东南亚：历史、现状、前瞻 [M]. 广州：世界图书出版公司，2013.

归通昌. 菲律宾 [M]. 沈阳：辽宁教育出版社，2000.

黄建如. 比较高等教育——国际高等教育体系变革研究 [M]. 北京：社会科学文献出版社，2008.

黄雅婷. 塔吉克斯坦文化教育研究 [M]. 北京：外语教学与研究出版社，2021.

久毛措. 尼泊尔文化教育研究 [M]. 北京：外语教学与研究出版社，2021.

李涛，陈丙先. 菲律宾概论 [M]. 广州：世界图书出版公司，2012.

刘辰，孟炳君. 阿联酋文化教育研究 [M]. 北京：外语教学与研究出版社，2021.

刘迪南，黄莹. 蒙古国文化教育研究 [M]. 北京：外语教学与研究出版社，2021.

刘捷，罗琴. 越南文化教育研究 [M]. 北京：外语教学与研究出版社，2023.

刘捷. 教育的追问与求索 [M]. 北京：人民出版社，2021.

刘捷．专业化：挑战 21 世纪的教师 [M]．北京：教育科学出版社，2002．

马燕冰．菲律宾 [M]．北京：社会科学文献出版社，2019．

潘懋元．东南亚教育 [M]．南京：江苏教育出版社，1998．

强海燕．东南亚教育改革与发展（2000—2010）[M]．广州：广东高等教育出版社，2010．

施雪琴．菲律宾天主教研究：天主教在菲律宾的殖民扩张与文化调试：1565—1898 [M]．厦门：厦门大学出版社，2007．

孙芳，谢维宁．哈萨克斯坦文化教育研究 [M]．北京：外语教学与研究出版社，2023．

孙有中．跨文化研究论丛 [M]．北京：外语教学与研究出版社，2019．

檀慧玲，等．新加坡文化教育研究 [M]．北京：外语教学与研究出版社，2022．

唐晓萍，等．广西与东盟国家教育服务贸易发展研究 [M]．南宁：广西教育出版社，2006．

万作芳，等．韩国文化教育研究 [M]．北京：外语教学与研究出版社，2023．

王丹，等．马来西亚文化教育研究 [M]．北京：外语教学与研究出版社，2023．

王定华，秦惠民．北外教育评论：第 2 辑 [M]．北京：外语教学与研究出版社，2021．

王定华，杨丹．人类命运的回响——中国共产党外语教育 100 年 [M]．北京：外语教学与研究出版社，2021．

王定华．教育路上行与思 [M]．北京：人民出版社，2020．

王定华．新时代高品质学校建设方略 [M]．长春：东北师范大学出版社，2019．

王定华．中国基础教育：观察与研究 [M]．北京：人民教育出版社，2021．

王定华．中国教师教育：观察与研究 [M]．北京：人民教育出版社，2020．

王名扬，尤尼亚多．印度尼西亚文化教育研究 [M]．北京：外语教学与研究出版社，2023.

习近平. 论坚持推动构建人类命运共同体 [M]. 北京：中央文献出版社，2018.

习近平. 习近平谈"一带一路" [M]. 北京：中央文献出版社，2018.

徐辉，楚琳. 伊朗文化教育研究 [M]. 北京：外语教学与研究出版社，2022.

徐墨，高雅茹. 巴基斯坦文化教育研究 [M]. 北京：外语教学与研究出版社，2022.

许永璋. 菲律宾独立战争 [M]. 北京：商务印书馆，1987.

阳阳，黄瑜，曾添翼，等. 菲律宾文化概论 [M]. 广州：世界图书出版广东有限公司，2014.

尤铮. 沙特阿拉伯文化教育研究 [M]. 北京：外语教学与研究出版社，2023.

赵坤，汪滢. 中国—东南亚高等教育合作研究 [M]. 北京：北京理工大学出版社，2022.

二、外文文献

ADARLO G, JACKSON L. Educating for the 21st century [M]. Springer, Singapore, 2016.

Congressional Commission on Education. Basic education [M]. Quezon City: Congressional Oversight Committee on Education, 1993.

DALMACIO M. A century of education in the Philippines, 1861—1961 [M]. Manila: Philippine Historical Association, 1980.

IBE M D. Round-table discussion: why can't we attract good teachers? [M]. Manila: University of Philippine, 1998.

KASEMSAP K, SUSAN S R. Teacher education and teacher professional development: current issues and approaches [M]. Pennsylvania: IGI Global, 2016.

PNG, J. Changing the world for the children of tomorrow: ASEAN teacher education [M]. Bandung: Universitas Pendidikan Indonesia Press, 2020.

Philippine Association for Teacher Education. Institutional capability study [M]. Manila: Philippine Association for Teacher Education, 1991.

RODRIGUEZ R M. Migrants for export: how the Philippine state brokers labor to the world [M]. Minneapolis: University of Minnesota Press, 2010.

VARGAS-TRINIDAD A F C. DepEd issuances and the K to 12 program [M]. Quezon: University of the Philippines Law Center, 2016.